U0060234

超五系統交易

竹科工程師絕處逢生的量化交易世界

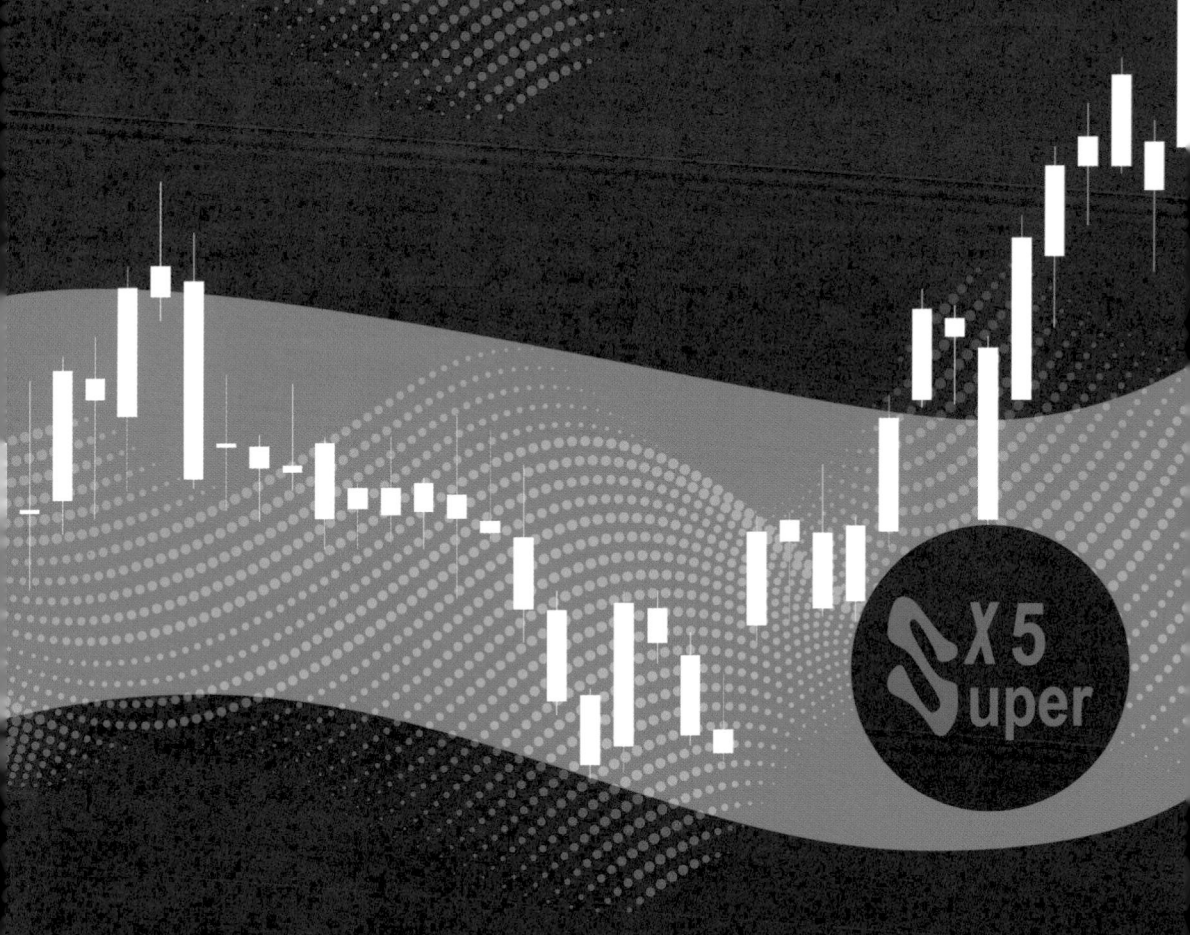

X5 Super

廖建松／著

以下推薦序依作者認識之先後排序

推薦序 1

姜林杰祐

建松是我就讀交大工工管系時的學弟，但真正認識要追溯到2009年間，我主持網路程式交易論壇（程式交易聚寶盆）的時候，他是我在論壇上認識的眾多交易界的英雄好漢之一。

我知道建松一直有個志業，希望以他多年的交易經驗，成立交易學校，傳之久遠。就像我也有個志業，希望驗證「以資訊技術推動財金理論的實務應用」，沒想到離開學校多年也離開所學以後，彼此的願景讓我們在「程式交易」領域相會。

由於他住高雄，我常邀請他每隔一段時間到我的課堂上給予我的學生在程式交易實務操作領域的指導，以補充學校教育缺乏的環節。

若要問交易能不能教？或許應該要從問指導交易合不合法開始。畢竟市場太多名師以提供明牌的方式吸金，不但造成投資人的損失，自己也惹上官司。

但建松的交易指導不一樣，他的交易課程內容，是建立在他多年來摸索、累積的經驗（有賺錢的也有賠錢的），所建立的一套思考模式與操作程序，藉此引導學員自行體會，找出自己的尋杯道路；形式上反倒比較像是我們學術上讀書會的分享模式，與研討會的開放論辯形式，不提供定於一尊、信我者得永生的想法（當然也不會給明牌或一成不變的交易策略），而是透過科學哲學的邏輯推論與實證分析，尋找聖杯；簡單說，提供釣魚的方法，而不是直接給魚。

關於此，我也有一些體會，較之於早年我推廣量化投資時，投資人汲汲於探詢標的以期快速致富，我發現近年來的聖杯尋道者已有本質的改變；理解「透過資料分析、尋找市場規律，以建構交易策略的程序」的釣魚方法，較之於得到明確標的或策略邏輯的魚，更為重要；終究，市場規律會因參與者的行為改變而變化。

交易投資可不可以後天訓練？1980年代交易史上有名的「海龜培訓計畫」給了答案，建松著作中也提到這個故事（同時也分析改進當年的海龜策略）。海龜計畫驗證了交易能力可以習得，也給投資人參加培訓班學習交易合理的理由。

終於，除了開班授徒，他願意把多年經驗整理成書，造福更多未能親臨課堂、對學習交易有興趣的朋友參考；建松邀我作序，我樂為之薦。

（高雄科技大學 金融資訊系所 教授）

推薦序2

何志偉

　　很榮幸能接受到　建松兄（**X5**Super）的邀請，為他的第一本新書撰寫推薦文。回想當初與　建松兄相識的緣故，是因為我們兩位都在交易國外美盤期貨商品，也都使用相同的程式交易平台。所以自然的，當我們遇到交易上問題的時候，就可以互相討論。在我們交易的過程中，如果有研究心得的話，也會彼此分享自己的交易策略。我們都在這樣的交流與討論當中，學習到許多寶貴的觀念。

　　轉眼間10餘年過去了，　建松兄在程式自動化交易這範圍的研究，已經發展出一套非常完整的架構以及流程。在個人觀點看來，他在交易的領域中，有下面幾點優勢，是非常值得我們學習的：

第一點　利用電腦程式自動化交易

　　相較於人工主觀交易，利用電腦程式自動化交易（亦可稱為系統交易、量化交易）有相當多的優點，例如1.無需隨時守在電腦前面看盤、2.透過固定規則進出場、3.可同時交易多個市場及商品、4.可系統化的檢視及追蹤交易策略的績效。這些優點，讓近年來在台灣市場已經有越來越多的交易者摒棄人工主觀交易，改而採用程式交易（系統交易）。而根據國內期貨商的統計指出，使用程式交易的交易者，其平均獲利能力皆優於一般採用人工主觀交易的交易者。

第二點　交易商品的多樣性

　　在台灣，目前絕大多數在交易上採用程式交易的朋友，都還只有交易台灣的期貨商品，而且只有交易台指期這一個商品而已。就商品熟悉度來說，台指期這個商品的確是台灣交易朋友最熟悉的商品。但就資金

分散度以及商品分散度這兩個觀點來看，只交易一個商品的確有它值得改進的地方。試想，如果一筆資金投入做交易，只做一個商品（台指期），當這個商品陷入盤整震盪的盤勢時，一般的交易策略通常會陷入小額虧損的狀態。而如果當這個盤整震盪的盤勢持續好一段時間，這些小額虧損就會累積成令人懷疑程式交易有效性的虧損。所以常常在社交群組軟體裡，在某段盤整期較長時，就會聽到有許多人同時破了最大的「最大連續虧損」（MDD）。又或是在某段趨勢行情出現後，會聽到有許多人同時獲利金額創新高。這些績效同時創新高（破新低）的情形，通常不是因為個人的交易策略程式寫得特別好（特別差），而是那一個商品的盤勢有沒有出現趨勢的原因。所以如果能將交易的商品擴大到全球市場的指數、匯率、債券、金屬、能源、農產品、軟性商品等種類的數10種不同商品的話，則能將資金有效的分散在不同的商品及策略上。對於資金成長的平滑度有相當正面的改善。

第三點　建立交易架構以及標準作業流程

也許是　建松兄交通大學工業工程與管理專業的背景，以及在竹科半導體製造業工作經驗的原因，他將交易系統的開發、設計、上線、執行、監控、管理等步驟，全部都製作出一套完整且可實行的架構（Architecture）與標準作業流程（SOP）。這種觀念，比傳統一般人做程式交易的作法，來得更為嚴謹且完整。一般人做程式交易，可能是自己一個人寫了幾支交易策略程式，就上線去執行，然後期望帳戶金額會日益增長。建松兄的作法，則是將交易當做一門事業來經營，建立架構以及SOP，並且將之標準化、文件化之後，讓不同的人來執行，都能夠有相同的產出。這個觀念是相當值得我們交易人學習的。

第四點　無私分享

　　建松兄在建立了交易系統的整套架構以及流程之後，並沒有將這整套的方法論（Methodology）私藏為個人己有。反而是大方無私的將這整套方法論公開出來，分享給有興趣了解的朋友。讓有心進入全球市場系統交易的朋友可以踩在鋪好的馬路上前進，不需要自己一個人慢慢辛苦的摸索，嘗試錯誤，也不需用寶貴的真實資金去學習經驗。他透過線上課程以及讀書會的形式，將他10多年來的交易經驗，有系統的整理成許多文件以及影片等線上資源。課程的內容，也依照進度及難度，分為第1階段、第2階段、第3階段等不同的階段，讓有興趣的朋友可以循序漸進、按部就班的學習。

　　很高興 建松兄能將自己的寶貴交易經驗整理出書，讓一般交易者可以快速的學習他10多年的經驗。在這裡推薦給想要進入程式交易／系統交易的朋友。對於已經使用台指期程式交易，想要跨入國外商品交易的朋友，這更是一本不可多得的經典佳作。

（藍色投機客部落格版主 Derek Ho）

推薦序3

Parkson Dow

認識**X5**Super已經有很長的一段時間；沒有半世紀那麼久，也有將近20年的時間了吧。但是所給的記憶永遠是那麼的鮮明，像自東邊恆升的曙光般熟悉亙古不變；一路勤於較真交易的真理與實踐始終如一。對於這樣的學習對象能與之為友已感雀躍高攀，今日受邀為其第一本大作為序，著實令我心中惶恐與榮幸交陳。

一直知道他身體有恙，但沒有在交談中真正談論提及過，因為這是個人隱私給予尊重。直到看到書稿方才知曉，**X5**Super這來時的學習道路背後一路走來是如此艱辛顛簸，而他是如此堅忍卓絕的以微笑回應那個冷酷的命運磨鍊。我知道交易者的道路每人走來總是崎嶇坑塹，但與之**X5**相比誰不愧赧？

總是常常開玩笑對**X5**說「你是一隻奇怪的獅子」；或者是根本不相信有這樣的獅子座。原因細想我們還真是噴飯的組合；少根筋喜歡大而化之的金牛碰上心細如針的奇特獅子。其實也是希望他多多保養，每日窮究那些數字的變化是很傷神的。但是在細讀書稿後發現，**X5**這一路對交易的執著與付出是那麼的值得。這應該是近來所讀過最滿滿乾貨的一本關於程式交易的巨著了。200多頁、是沒有贅言字字珠璣扎實200多頁，記錄著最真實的交易開發心得寶鑑。也許它不是為了基礎入門者所著，但是入門的交易者就該沒有滋養進步更上層樓的知識補充來源嗎？欣喜**X5**為大家做了這樣的事，因為這樣的巨擘寫作不止是需要一個不藏私的廣闊胸襟，更需要作者在專業能力上有著過人的駕馭能力，夠格如此秀出傲人的肌肉振臂高呼。

特別在資金管理上的啟發與獨家分享；單這部分就會讓人有值回票價之感，無論書價如何。因為這是市場不傳之祕，邁向財富之門的最終之鑰；幾乎沒有人會慷慨的跟其他人分享。教技術分析的比比皆是，跟你談資金管理的，抱歉再多錢來也不會教的；但**X5**開了先例。書中這方

面不是蜻蜓點水的劃過，只給人止渴的紙上畫梅，**X5**給我們一頓扎實的粗飽，一種讓人撐過無數個年夜飯的飽足感。可以這麼說，這樣的知識塊禮既是空前也必是絕後。所以誠心致意的推薦給現在或未來的交易者、新手或入門：如果一定要找一本可以細讀一生並在交易路上遇上瓶頸時可以適時提供我們方向的書，那就是這本了。

真的很榮幸被**X5**邀約寫序。因為這一路讓我看到一位典範級的交易者，如何堅持理想、披荊斬棘不畏艱難走過來，最終成功敲開交易財富大門的過程。感謝你**X5**；你充實了我生命的經驗，你讓我認識了勇氣的力量與堅持的道理。雖然知道對這樣一本時代的著作，推薦它只是沾光；但是我仍要告訴大家，這是一本所有交易者不容錯過的好書，誠摯的介紹推薦給大家！

友誼長青 誠心推薦

（國內機械式交易倡導先鋒‧知名作家與部落格版主，著有《XS程式交易煉金術》、《機械化交易新解：技術指標進化論》與《TS程式交易全攻略》等書）

推薦序4

黃堃義

　　本書作者廖建松，在台灣跟美國金融市場上共有大約20年的交易經驗。書中以輕鬆易懂的方式，描述過去20年的交易經驗——從非系統化／非程式化交易，到系統化／程式化交易的心路歷程。無論您是初學者，或是在金融市場已經很有經驗的交易者，我相信作者在書中的交易經驗，以及他提供的系統逐階線上訓練課程，對您會有幫助。

　　單一商品與單一策略程式交易系統是比較基礎的交易系統，它比較缺乏多樣性，這樣的系統比較沒有辦法分散風險（risk diversification）。而多商品與多策略程式交易系統是比較進階的交易系統，它比較能夠提供多樣性，這樣的系統可能比較有辦法分散風險（risk diversification）。在金融市場上，分散風險是指將資金分配在多種資產／多種策略上，如果這些資產／策略的回報率相互之間的關聯性（correlation）比較低，這將有助達到分散、降低風險的目的。這樣做也比較有可能提高MAR（Managed Account Report）比率。MAR比率是用於衡量每單位風險的回報。MAR比率是通過將自成立以來的基金、投資計畫或投資組合的複合年增長率（CAGR：Compound Annual Growth Rate）除以其淨值的最大回撤（MDD：Maximum DrawDown）得出的比率。原則上通常MAR比率越高，風險調整後的收益就越好。提高MAR比率之後，再藉由提高合理的槓桿，來增加可能的合理的風險調整後的投資績效。

　　如果您想要系統化／程式化的研究，開發挑戰度比較高的多商品與多策略程式交易系統，來增強優化您的風險調整後的投資績效，我相信《超五系統交易》這本書能幫助您加速系統研發並且減少錯誤。

　　我相信本書介紹的**X5**學堂提供的系統逐階線上訓練課程，也能幫您學習研發如何在相對短的時間，從理論到實際、從無到有建立能夠上線實戰的多商品與多策略程式交易系統。我相信這個課程也能提供您跟其他學員在現實生活上共同討論、分享學習、互相交流與成長聯誼的機會。

　　（台灣高雄鄉下人，旅居美國大芝加哥。美國QQFund.com LLC 的創辦人。QQFund.com LLC是從2008年開始向美國聯邦政府CFTC註冊的商品交易顧問〔CTA：Commodity Trading Advisor〕，同時也是美國NFA的會員。）

推薦序5

徐國華

接下**X5**這篇推薦序，已經3週了，謝謝**X5**給這個機會，讓我能夠先睹為快，一覽這本新書，同時卻也不知道該如何下手。市場上雖然有不少程式交易的書籍，一類是工具書，介紹軟體的操作；另一類是範例分享，提供了一些策略加上回測數據，可是**X5**這一本書我很難定義該放到哪一類？硬要分類的話，也許就像我年初的新書，是一部市場求生實戰祕笈。

認識**X5**是網路上開始的，第一次碰面則是在南港高鐵站的星巴克，**X5**開始想要對外分享推廣他的交易。還記得當時我對他說：「我選擇了一條很難走的教學路，你這個作法比起我的方式又難上許多。」結果，他就這樣踩出一條路。

X5不諱言他是先人工交易後程式，我則是顛倒，先接觸了台指期貨程式交易，然後才逐步開發出我的人工交易系統。我一直享受在台指市場中和主力的心智對抗，他卻是早早進入國際市場打怪；我利用人性的貪婪和恐懼操作並在市場獲利，他則是用程式的規律性克服人性的弱點。這是兩種完全不同的交易類型，卻都是從「人性」出發。

X5對交易的專注，是我所不及，特別是程式這一塊；我雖然也能寫上幾行code做一些簡單回測，但是策略對於**X5**的系統來說，是最不需要花心思的地方，他完全進化到交易的「系統」；系統包含策略開發、回測、實際上線與部位控管，他提供了全自動化的管理方式，完全就是把工程師魂運用在金融交易上面。這本書，不論你是和我一樣喜歡人工交易的快感、還是目前正在尋找程式交易系統開發的交易人，都必須要看的。

　　2020年，兩位市場交易年資相加超過50年的交易人，一前一後出了人生第一本交易書。**X5**和我同年同月生，兩隻50多歲的老獅子，都選擇把我們此生所學不藏私的公開出來。我是交易醫生，誠摯地向各位好朋友們，推薦《超五系統交易》，讀完這本書，你將會被貫通任督二脈，由內而外，改變你的交易觀。

（專職交易／「交易醫生」超人氣部落客／著有《100張圖學會期貨交易》）

推薦序6

吳牧恩

X5Super是我見過最認真的程式交易者。每次聽其講課或是分享，我都轉頭跟學生說：「我們應該以此為典範，做交易與做研究都是如此。追求實事求是、設想周到、細心求證的嚴謹態度。」

程式交易近幾年越來越普及，其本身雖然有些進入門檻，但因為軟體開發的便捷，使得不懂撰寫程式語言的朋友也能夠參與。我觀察大部分程式交易者，都著重在尋找各種指標、利用指標產生訊號後，針對歷史資料進行回測（back-testing）。而指標有相當多種，產生訊號的組合與參數的選擇更是千變萬化，這讓回測這件事變得相當繁瑣，甚至無聊，但許多朋友都依舊樂此不疲，期待能尋找出有利可圖的「聖杯策略」。特殊的是，從我認識**X5**Super，發現其在程式交易所下的功夫，除了前述本身繁瑣的策略開發外，也花相當多的時間在理論與實務的研究，尤其在資金管理、策略分類、策略相關性……等各種實務成果或策略損益分析的議題，可以說其為真正的「金融資料科學家」。

本書從交易系統開始講起，一開始先介紹為何從主觀交易走向量化交易、再走向程式交易。難能可貴的是，**X5**Super整理其多年累計的交易經驗，不管是理論還是實務，在本書都清楚的記錄下來。看完本書我第一個感想是：「**X5**Super寫太多了。」怎麼可以這麼慷慨的把如此寶貴的經驗就這樣呈現出來，這些都是「不能說的祕密」啊！而市面上似乎也沒有一套金融交易相關書籍是這樣敘述量化交易與程式交易，大部分金融交易書籍（或程式交易書籍）還是在敘述如何撰寫基本的策略架構，如何產生指標、指標如何成為訊號、訊號發生後要如何下單。講白了點這些都是「步驟」，但不是穩定獲利的「思想核心」，畢竟交易目的是要獲利，我幾乎可以說本書的內容是教你如何獲利，而獲利的關鍵絕對不在研發出各式各樣的策略。

　　交易者首先要認清一件事實，不可能有萬無一失的聖杯策略一統江湖。研發策略的重點在管理。策略什麼時候會失效？如何去評價策略的效能？多策略用在單一商品上的缺失、為何要開發多策略多商品、策略與策略之間的互補性，這些都是量化交易的關鍵。看完本書不禁佩服**X5**Super，他似乎憑著一己之力把整個交易系統完成了，靠的是其個人的毅力堅持與時間累積。這在外面公司或企業可是需要一個團隊，才能建構如此規模完整的交易系統。

　　還是那句話，**X5**Super寫太多了，這本書絕對是要進入量化交易與程式交易的必須收藏經典，對這方面有興趣的朋友千萬不能錯過。買到看到讀到，就是賺到！最後也恭喜**X5**Super完成本書的出版，更感謝其對量化交易與程式交易推廣貢獻。

（台灣量化交易協會 理事長）

自序

　　25年前就想寫書了，那時才辭掉剛滿10個月的第一份工作，在等履歷回覆的日子，打算寫書，看能不能成為暢銷作家，過著自由的日子。在家悶慌之際，也陸續面試了自由的創意產業，如唱片公司、廣告公司，因為薪資差異太大，最後還是接受了科技製造業的本科系工作，只是從傳統電腦周邊製造，轉到新竹科學園區，那時心想，當不成作家了。

　　就在科技業即將進入快速成長期之際，我踏入了半導體製造業，不僅每月薪水比原來高出2成，每季有獎金、每年還有配股，所以那時都被冠上科技新貴的稱號。

　　凡事都需要代價。不到10年的過度工作，生活極度不正常，在一次健康檢查發現了癌症，當時我早已被公司派遣到轉投資的液晶螢幕製造公司，也向銀行貸款認購了新公司相當多的股票，股價卻已經腰斬；為了找方法治療癌症，繼續活下去，辭掉了工作，依約得認賠股票還貸款，也賠掉了工作以來的所有積蓄。

　　人生被關掉了一道門，就會開啟另一扇窗。從癌症處方的尋找與治療路上，從生死關頭的勇氣與恐懼對抗中，體會出如何活出自己、實實在在的做自己。

　　因緣際會的進入到交易世界，而且一開始就是全職。

　　憑藉著工作時接觸的公司認股，以及半導體首次公開發行股票前的未上市買賣經驗，用主觀方式操作台指交易。一開始當然有很多問題，而且是明知故犯，即便在交易房間的牆上貼滿了警語，效果仍然有限。

　　隨著交易方式的改變，進出的時間越來越長，問題就越來越少，2004年以月均線當進出依據，在前兩個半月最高獲利來到1340萬，卻因為槓桿過高與非計畫的過度交易，伴隨319槍擊事件到來而輸光了。

　　這事件打醒了我，如同癌症喚醒了我的真實人生，交易重心回到一開始的系統交易與資金管理。2010年之後的10年，已經完全系統交易，操作美國數10個期貨商品，而且正常作息，因為24小時的交易執行都交給了電腦程式。

　　2020年成立了超五系統顧問公司，把交易的層次從系統交易，提升到系統交易者的培訓，挑戰自己的系統方法是否隨機，還是真的可以複製到其他人身上？

　　本來第一本交易書，打算寫得像小說《目標》（*The Goal : A Process of Ongoing Improvement*），那是看過我本科最好看的書，以生動的工業工程的改善技術與精神融入故事中，但那需要更多的歷練與更多的空閒。如今，為了系統交易的教育訓練，已從實務經驗中整理了很多教材，可以先轉成書本的形式，先幫助有興趣的朋友了解系統交易，也有助於超五系統交易的培訓推廣。

　　本書除了把我目前的系統交易，用觀念與實作模式呈現在主要的三部內容中，還把進入交易以來的重大事件，以網路文章的記錄來回顧，有些找不到相關文章記錄，只好從對帳單來拼湊；比如2004年槍擊事件前的獲利到底有多少？後來怎麼賠掉的？特別請元富期貨幫忙列印這麼久遠的資料。

　　在此，感謝元富王漢寧先生協助列印對帳單、昶景國際文化素維提供專業的建議、為本書作序的姜林學長、藍色投機客、Parkson前輩、黃堃義大哥、交易醫生與牧恩教授，同時也提供了很多寶貴的建議。最後，感謝本書最重要的編輯，內人惠蓉，不僅要照顧好家裡大小事，讓我可以有更多時間寫書，還打理編輯與發行的雜務，是本書最重要的推手，也是我生命中最重要的人。

目錄

（以下依作者認識之先後排序）

推薦序1／姜林杰祐 ...2

推薦序2／何志偉 ...4

推薦序3／Parkson Dow ...7

推薦序4／黃堃義 ...9

推薦序5／徐國華 ...11

推薦序6／吳牧恩 ...13

自序 ...15

前言 ...22

第一部／打開天窗・説量化
系統交易

X5的期貨交易初體驗 ...26

市場是嚴厲的導師 ...28

財富險中求 ...30

系統交易是什麼？ ...32

什麼是系統方法？ ...34

交易哲學 ...36

財富公式 ...38

打破算數的局限一：比較利益法則 ...40

打破算數的局限二：$1+1=2^2$ ...42

X5交易事業的信念 ...44

財富公式的回測 ...46

回測與實績的差異 ...48

X5系統交易的5大步驟 ...50

選擇策略 ...52

海龜策略 ...54

海龜策略程式化 ...56

歷史回測 ...58

再加一個濾網 ...60

濾網績效的比較 ...62

參數獲利分布──無濾網 ...64

參數獲利分布──低波動濾網 ...66

參數獲利分布──雙濾網 ...68

套用市場 ...70

市場掃描 ...72

穩健測試 ...74

組合結果 ...76

評估風險 ...78

口數公式 ...80

進階口數公式 ...82

獲利再投資比例測試 ...84

執行交易 ...86

管理績效 ...88

第二部　依樣畫葫蘆・像不像在己
系統交易實作

實作──從海龜出發 ...92

實作──市場掃描 ...94

實作──FC的穩健測試 ...96

實作──降低回測預測性的落差 ...98

實作──FC樣本內外回測的比較 ...100

實作──突破策略組合結果 ...102

實作──突破策略組合的盲測 ...104

實作——突破策略組合的動態調整 ...106

實作——3大策略的組合結果——動態管理 ...108

實作——4階實戰組合 ...110

實作——實際績效——4階團隊 ...112

實作——部位控管 ...114

實作——成本控制 ...116

實作——交易執行標準流程 ...118

實作——績效管理 ...120

第三部　做對的事・還要把事做好
系統交易的驅動智慧

優勢是一點一滴累積的 ...124

期望報酬 ...126

毀滅風險 ...128

正期望值一定能獲利嗎？ ...130

賭博策略 ...132

投資組合 ...134

風險控制的重要 ...136

實務上——商品策略相關性變化（1）...138

實務上——商品策略相關性變化（2）...140

實務上——商品策略相關性變化（3）...142

練就價格圖右側思考能力 ...144

極端理性不適用在交易市場 ...146

理性建系統・主觀調參數（1）...148

理性建系統・主觀調參數（2）...150

理性建系統・主觀調參數（3）...152

理性建系統・主觀調參數（4）...154

理性建系統・主觀調參數（5）...156

常見問題1：為什麼組合中獲利相加，最大虧損率不會相加？...158

常見問題2：程式交易已越發達，時間風險是否會越來越多？...160

常見問題3：上線後，如何評估策略失效的問題？...162

常見問題4：對美期很陌生，能不能多介紹？...164

附錄一
X5早期的網路文章

驚滔駭浪篇

2009.5.4　　　資金瘋狗浪 ...168

2009.9.10　　意外的行情，意外的流失 ...170

2013年　　　Margin Call（保證金追繳）...172

2016.6.24　　英國脫歐後 ...174

2016.7.11　　一筆交易讓我的實際資金帳戶輸得精光 ...176

2016.11.8　　川普當選美國總統 ...178

人與程式競賽篇

2009.4.22　　讓程式系統越來越像自己 ...182

2009.5.11　　明天還是要繼續 ...184

2009.8.20　　真的踩到地雷 ...186

2010.9.16　　賺錢再自然不過！...188

2010.9.16　　這些年來學會的一點點成熟穩重，就要被你通通化解 ...190

2016.2.9　　　龍飛鳳舞 ...192

2016.2.5　　　小巫見大巫 ...194

好事篇

2013.5.21　　　人為放空黃金 ...*198*

2013.11.12　　喜歡這樣紅綠數字的比例 ...*200*

2014.11.9　　　2014年的績效 ...*202*

2015.3.13　　　市場的禮金 ...*204*

心痛篇

2011.4.14　　　一個Bug值多少? ...*208*

2011.12.6　　　白金的出場滑價處理 ...*210*

2013.6.21　　　風險心理帳戶破產 ...*212*

2015.3.13　　　交易有好事就有壞事 ...*214*

研究篇

2009.8.6　　　賴利・威廉斯的研究 ...*218*

2010.2.10　　　滑價分析 ...*220*

2012.5.23　　　滑價改善 ...*222*

2014 6.25　　　客製WFT ...*224*

2016.9.24　　　濾網・加碼 ...*226*

附錄二
X5學堂的介紹 ...*228*

前言

　　書名《超五系統交易》從何而來？這要從18年前，與我2歲兒子的對話開始。

　　剛進入交易那段日子，不時遇到舊識問到近來做些什麼？真要談到交易，在當時的氛圍不是個好話題，因此想印張名片，讓這張卡片來化解尷尬。正在想公司要取什麼名字，兒子看我苦思，說他可以幫我，我很認真的說好，他也很認真的回答出：「茶壺超人」。我很謝謝他，承諾會用這個名字，只是後來改成半音譯（X讀成叉，**X5**音似茶壺）半意譯（Super）的英文名稱**X5**Super，自許自己能夠在交易上，讓財富S($)以5倍速**X5**，向上成長up（p）er。後來，也簡稱**X5**。2020年成立公司，再把**X5**翻回中文字，就取名「超五」。

　　本書包含三部兩附錄，不含附錄二的學堂介紹，共有125張的圖，用不同的方式來回的說著20年的交易故事。第一部，有文章32則，主要介紹系統交易，從我的期貨初體驗開始，很快的就進入系統交易的主題，帶出重要的觀念與系統化的5個步驟，是很重要的內功心法，所以，這一部名叫〈打開天窗‧說量化〉**系統交易**，又稱**X5**三部之《九陽真經》。

　　第二部，用15則文章寫**系統交易實作**的5大步驟，展示交易軟體**TradeStation**的實作結果，這也是超五系統顧問提供系統訓練的最終四階課程內容，雖然限於篇幅無法詳述，相信去蕪存菁後的架構，可以讓有興趣在系統交易的讀者，〈依樣畫葫蘆，像不像在己〉，如果真扎實的練成九陽真經，就可以打出**X5**三部之《降龍十八掌》。

　　第三部有21則文章，不管設計是否透過人工智慧的高級演算法，**系統交易的驅動智慧**，還是得靠交易者本身，認識到優勢是從平常的點滴建立起來的，而這些優勢大多來自資金管理，不只〈做對的事，也把事做好〉，如何從簡單數學的期望報酬率與風險計算開始，進入資金管理的核心。**X5**三部的最後，要讀者如同脫胎換骨的勤練《易筋經》。

附錄一，有5篇，共26則文章，主要從2008年起在網路上分享的文章挑出來，記錄了〈驚滔駭浪篇〉的交易經驗、〈人與程式的競賽篇〉長達10年的拔河、〈好事篇〉讓自己作夢也會笑的往事、有好事就有壞事的〈心痛篇〉。請進入網路文章的時光隧道，讓**X5**的交易叢林迷路記，引著大家，看到從台灣到美國的期貨系統交易，這20年變化的冰山一角。書中提供的網路文章連結，部分來自臉書不公開社團，需要申請並等待1至2天的審核後，進入社團才能看得到。

　　文章內用了很多系統交易上的詞語，都特別用粗體字與底線標示，讓覺得陌生的讀者，可以自行Google查詢，為了精簡架構，就不在書中做專有詞語解釋。

第一部

打開天窗・說量化

系統交易

X5三部之一
九陽真經

X5的期貨交易初體驗

2000年開始專職交易，周遭不免有朋友問我：程式交易是一條可行的路（可以賺錢過活）嗎？進入專職交易時，準備了多少錢？交易技術做了哪些準備？

我並沒有任何的期貨經驗，只憑著1993年，第一份工作的公司認股而開始的股票買賣資歷，就打鴨子上架。因為2000年檢查出癌症而離開職場，當時還有公司的大量認股賠錢中，為了清償認股而向銀行融資的借貸，殺出認賠，近10年的工作存款也幾乎歸零了。

接下來，為了生計，硬著頭皮，就成為誤闖交易叢林的小白兔，但小白兔活下來了。

這本書，要用存活下來的經驗，回答這些問題。

剛進入交易市場，很幸運的聽到系統的觀念，一開始就設定了系統交易的目標。但也很不幸的，在頭幾年，系統研究的速度沒跟上交易，還是在主觀交易上打轉，尤其是耗在短線交易，沒有適當控管的日子裡，經常在快輸光的恐懼中。

仍然以**主觀交易**為主的2004年，重心已經從**短線當沖**轉到中長線的**波段交易**，當時台灣的股票加權指數，已經走了很長的強勢多頭行情，靠著價格**月均線**一路買進做多，又不要命的使用固定4倍槓桿，在每天收盤前重新計算槓桿，若賺錢，槓桿不足4倍時，最後一盤，就買足口數；若是虧錢，就賣出多出來的口數。

就在價格跌破月均線時出場，讓我賺到了帳戶上，有感的第一桶金。

只是，這桶金也沒有抱得久。

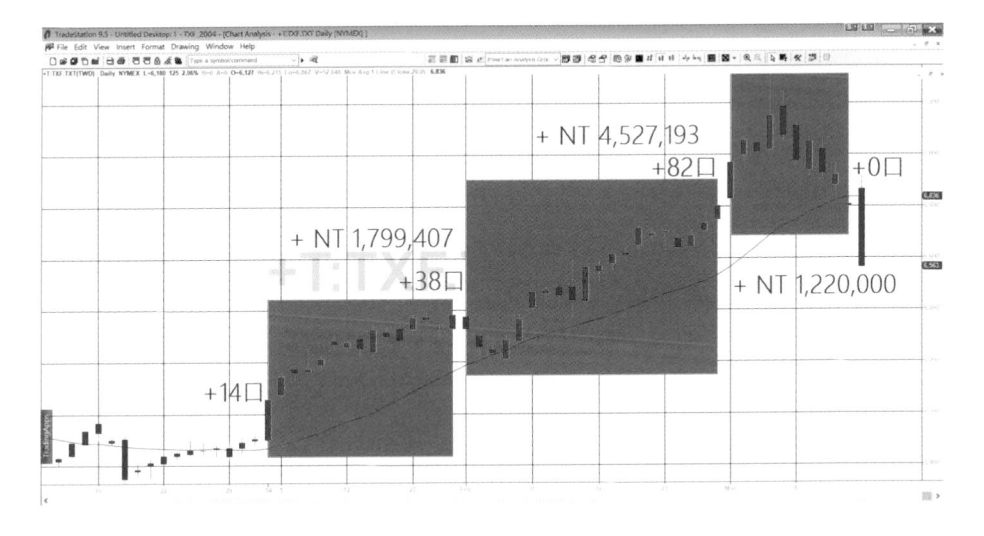

2004年台指操作策略：月線＋4倍槓桿

1月多單從14口到38口，加碼20口，獲利1,799,407

2月多單從38口到82口，加碼44口，獲利4,527,193

3月多單從82口到 0口，減碼82口，獲利1,220,000

市場是嚴厲的導師

月線跌破後，準備休假一個月，卻又擔心萬一出現大行情，漏掉了可惜，就將3成的資金委託給朋友操作。

出現幾天的大跌後，又快速反彈過月線，也一度超過前日高點，就在那個高點，以更高的約7倍槓桿（20萬做1口），進了多單，沒幾天就遇到319槍擊事件，緊接著的那2根跌停板，將這3成資金化為了烏有。

拜那次驚嚇之賜，把我導回系統交易的正途。但真正走在這路上，已經是2010年了。

依照計畫交易，控管風險，把戰場從即時螢幕報價（相關故事，請參考〈人與程式競賽篇〉），轉到日常的開發與管理工作，交易執行工作就交給了電腦，**毀滅性風險**的恐懼就不再來敲門。

10年主觀交易的摸索，與10年系統交易的沉澱後，又決定投入系統交易的訓練，協助有志一同的朋友，縮短摸索時間，不用10年、20年，只要半年到1年就能學會建立一套系統，至於要讓交易系統像自己，達到合而為一的境界，必須再經過實務執行的磨合與調整，才能使自己成為系統的靈魂，操縱起整個系統。

2020年創辦了**超五系統顧問公司**，建立了**X5學堂**，訓練學員交易的系統化能力，尤其是系統風險的控管，運用適當工具測試分析，並且進行模擬交易，也輔導學員在實務上，如何調整與進一步確認風險的有效控管。

這個風險控管會是這本書探討的核心，至於，是怎麼做到的？我們會做深入淺出的介紹。

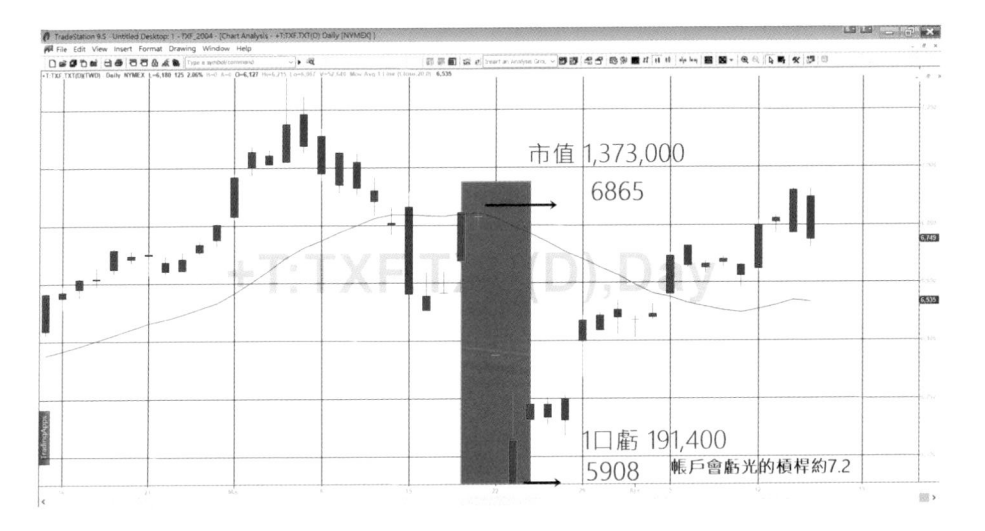

市值 1,373,000
6865

1口虧 191,400
5908　帳戶會虧光的槓桿約7.2

由貪婪產生的一筆交易

財富險中求

　　年輕時就像一頭小牛，進到有利可圖的市場，就什麼都不怕。再來看，2004年自己的每日操作。不包含委託朋友而中槍的部分。操作從一月價格突破<u>月均線</u>開始的，一月總共交易80口，獲利約180萬，留倉38口。

　　二月才3個交易日，獲利就去了一位數——百萬位數，這時，有一個聲音悄悄地對我說，該<u>停利</u>了。這3天，我只當沖了10口，以及最接近<u>月均線</u>時，加碼了5口，不是很有把握的賭月均線的支撐有效。

　　這次，<u>淨值回歸</u>賭對了，隨著行情一路走高到2月19日，累積獲利已經來到了500萬，留倉的口數也創高到75口，是月初的2倍。我對那個耳邊的悄悄話使了個眼色：別來煩我。

　　馬上3個交易日，吐掉總獲利的21％，值100萬，那個耳語的聲音變得更大更吵雜。我仍然咬著牙，理性的回應，自己依據行情好<u>加碼</u>、壞就<u>減碼</u>的規則，這3天減碼也快一半了，操作沒問題，別讓雜音阻撓大事。行情果然<u>噴出</u>，7天後獲利達到最高點1340萬，留倉口數也過百口，若沒有之前的挺過低潮，就沒有今天的齊放煙火與恭喜祝賀，耳邊再也沒有雜音了。

　　既然，操作模式是因為不停利才能到高點，因此吐掉獲利就必然是故事的終曲，吐多少呢？49％！3月12日收盤價跌破月均線，淨獲利剩680萬，吐了660萬！但仍比前一波最高獲利500萬，多出了180萬。

　　3月23日槍擊事件後的第2根跌停板，詢問了朋友已經在打開跌停時平倉了，延了預定的行程，進場想賺回化為烏有的3成資金，卻心急又過度交易了120口，多賠了100萬，隔天靜下來再賺回來20萬，但知道此刻若再進場只會壞事了，決定明天就出發去旅遊。

　　市場拋出這個重量級的震撼教育，不只讓我記住<u>風險控管</u>的意義，也讓我患上了<u>被冰凍</u>（frozen）的交易病，好多年都不敢扣板機下單，直到閉門造車的<u>資金管理系統</u>出爐，也奠定了日後<u>風險控管</u>的<u>系統交易</u>基礎。

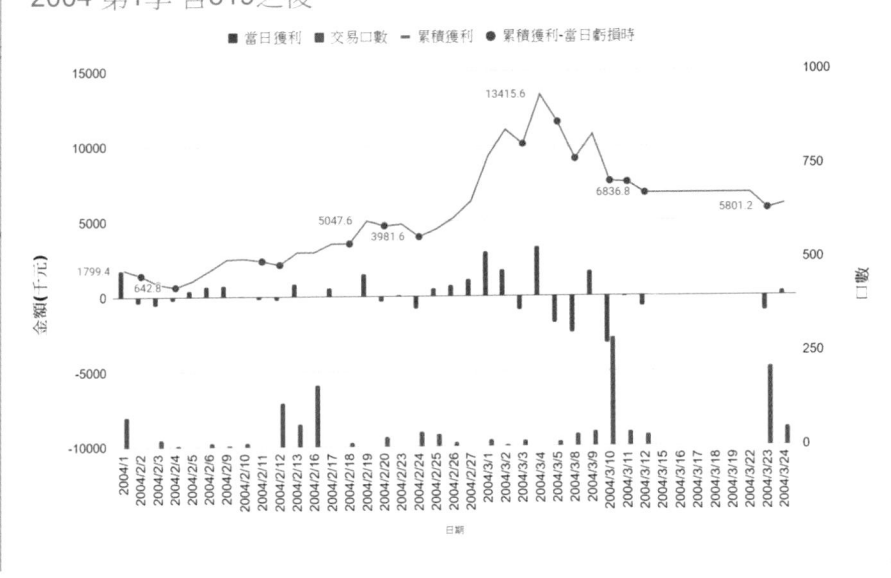

2004 第1季 含319之後

■ 當日獲利　■ 交易口數　─ 累積獲利　● 累積獲利-當日虧損時

680萬是用49％的風險換來的

系統交易是什麼？

系統交易，是用**系統方法**，進行資產的交換，以期獲取利潤。

資產交換的對象，比較普遍的是股票，買進的時候，是用錢買股票；賣出的時候，是用股票換錢。不過，我們系統交易的對象是以**期貨**為主。

這裡不打算用大篇幅來介紹期貨，只從三方面來說明：

期貨是約定未來才要兌現的買賣契約，兌現的日期，就是**交割日期**。買賣的商品，不只是實體商品，如農產的黃豆、小麥；肉品的肉牛、活牛、豬隻；能源的輕原油、天然氣等等，也有股票指數與利率等更多的非實體商品。

大部分的期貨交易，都是醉翁之意不在酒，不會去兌現交割的買賣。只是在看好價格時，**買入（Buy）**契約，然後在交割日前**賣出去（Sell）**，來獲取（或提供他人）利潤而已。也可以在看壞價格時，用**賣出（Sell Short）**契約的方式，找到買方成立契約，這也稱為**放空**，然後，在交割日前**買回沖銷（Buy to cover）**。

期貨交易只是先完成一份買賣契約，所以，買方不用支付全額費用，賣方也不用先準備等量貨品，雙方只要先支付願意成交金額的一定比例，當做**保證金**，當賣出（Sell）或買回沖銷（Buy to cover）這份合約時，再針對各自一方的前後買賣價差，換算盈虧金額，加入到或扣除從買賣契約時預繳的保證金，一併退還成現金給你。契約的買賣金額與預繳保證金的比例，通常在10～100倍之間，這個倍數也就是我們可以運用的資金**槓桿**。槓桿對於超五系統顧問的系統交易來說，相當的重要，後面的內容，會逐步的運用上。

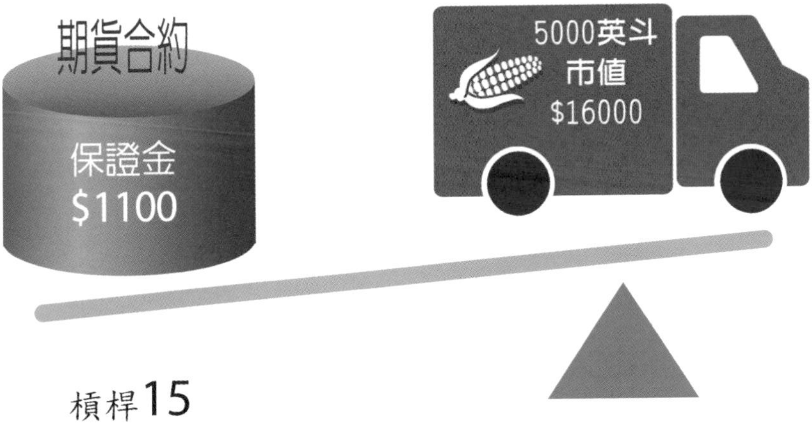

期貨合約

保證金
$1100

5000英斗
市值
$16000

槓桿15

期貨標的——交易保證金——槓桿

什麼是系統方法？

我們常聽到人說，要有系統的做事，這指的是要學會**系統方法**。那系統方法是什麼呢？

簡單的說，若你在工作上，用了標準**流程**（SOP）、**步驟**設計、**模型**驗證、量化**公式**、**邏輯**推演、**規則**制定與電腦**程式**等等，都算是用了系統方法了。

這些方法，都有一個共通的特性：遇到一樣的事（輸入），就用同樣的方式應對（處理），得到的結論也會相同（產出）。就像四則運算，給定同樣的數字，運算出的結果，一定會一樣，這是函數的一對一或多對一關係，但不會心猿意馬的出現一對多的情形。

心猿意馬指的是交易的情境，在同一時間，不能想買又想賣，這是一對多，違背了系統精神。但可以拆成兩筆交易：一筆做多，另一筆做空。再把兩個一對一組合起來。這在**主觀交易**中不容易，但在**系統交易**裡，卻是很平常的。

在交易中，可以把買賣的時期與價位，依照市場價格的行為表現，找出可以獲利的規則，設計模型來驗證，然後，運用量化技術，制定成電腦可以執行的程式碼，及時告訴我們或直接幫我們執行買賣交易。

讓電腦根據程式碼來執行交易，就被稱為程式交易，這就是一種系統交易，可分為三部分：

處理價格資訊；
制定買賣策略（規則）；
執行買賣交易單的送出。

現在這方面的套裝軟體，技術都相當的成熟了，**超五團隊**用的是美國的**TradeStation**軟體，可以全部提供交易上的這3個系統工作，讓團隊專心在交易方法的開發，也方便交易的教育訓練。

交易系統最基本的3個模組

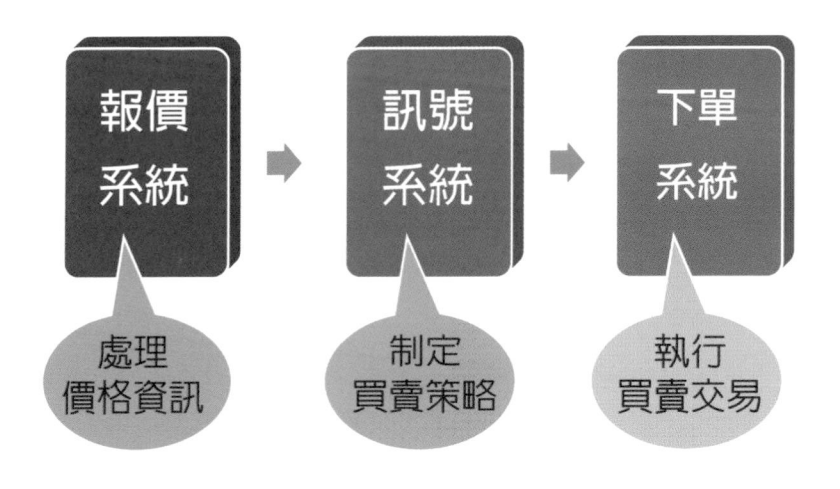

交易系統最基本的3個模組（模型）：報價系統（處理價格資訊）、訊號系統（制定買賣策略）與下單系統（執行買賣交易），每個模組本身都自成一個系統。

交易系統的基本模組

交易哲學

哲學是系統的最上層指導原則，**交易哲學**則是交易者朝向成功的衛星導航。

找到真正適合自己的交易哲學並不容易，一旦找到，成功就指日可待。

哲學包含個人價值觀、信念、使命等個人化特質，驅動我們的前進。

為了方便自我溝通，甚至是團隊或客戶之間溝通，把哲學轉換成一幅有時空的畫面（所謂的**願景**）是重要的，例如，哈佛大學的願景是：

世界級智慧的傳播者

清楚標示了時空永續的世界，要做到的是一流智慧的傳授者。那你的交易哲學與交易遠景是什麼呢？

交易者的上層指導哲學，通常需要一段時間才能明確，為了幫助自己更快找到那座燈塔，平常可以練習常問自己問題，而且要連續提3個問題，才能接近到**核心問題**，可以稱為**3問法**。經過一段時間的練習與累積，交易者哲學與願景的浮現，將會比別人還快，成功也會比別人更快速。

為什麼要交易？賺錢

為什麼要用交易賺錢？

要賺多少錢？

尋找核心問題的3問法

財富公式

有了交易哲學與願景，就可以制定**事業策略**與**商業模型**，做**內外部分析**，然後展開**短中長期的計畫**。

蝦咪！交易還要像企業一樣，做這些企管與規劃？是的，交易就是一個事業，不只像是工廠裡的生產線，規律的執行交易就好，還要考量產品良率的**策略穩健性**、產品與製程研發的**多商品與多策略開發**、庫存與呆帳管控的**風險控管**以及市場銷售的**績效管理**。

這些不是一個人一開始就可以面面俱到的，所以，需要做規劃。多數交易者，經過3問法，對於交易的遠景都是要賺到足夠的錢，我們提出一個量化公式，把交易目的與要素，簡單的呈現。公式的結果，是想要賺取的財富目標。

$$C \times (1+R)^N$$

公式中的3個英文字母，代表了3個必要的關鍵要素：**資本（C）**、**獲利率（R）**與交易的**筆數或期間（N）**。以任務層面的執行角度，可以將要素轉換成方針：**信用、技術**與**壽命**。交易**技術**是財富公式的基礎，期望值必須是正的，才有財富累積的結果。不同的技術，決定了必需的起始資本，為了多角化的交易，通常需要的資金也會更多，也是讓很多人卻步的門檻，深入分析後，資金大小影響了多樣化的規模，規模影響了可控風險的大小，最後影響財富目標達成的時間。事實上，有了踏實的技術，加上信用，類似創投或合資的模式就會出現，資金自然不會是問題，因此可以**信用**（Credit）來取代**資本**（Capital）這要素。交易筆數的多寡，需要靠交易的期間長度，也就是交易的**壽命**來決定。

那麼，到底哪一個要素比較重要？在正期望值的前提下，可以從公式中的運算元知道，壽命最重要！因為居於乘方的效果，這也代表複利或幾何的成長次數；所謂活得越久，領得越多。

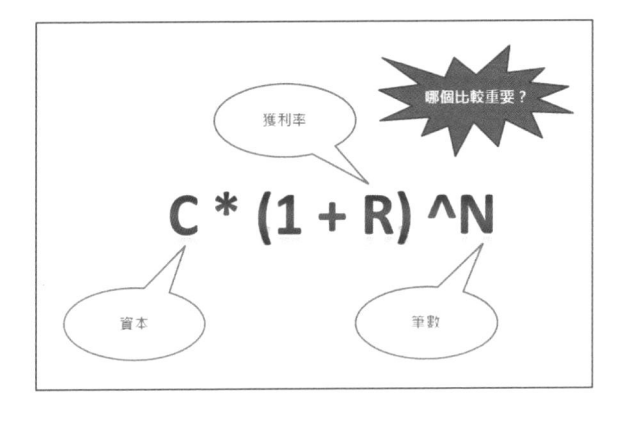

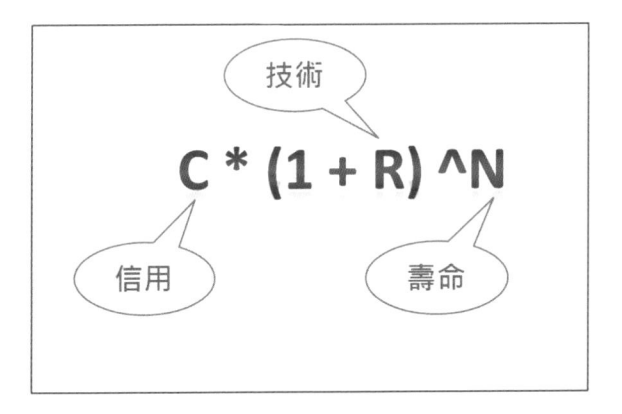

財富公式

打破算數的局限一：比較利益法則

在進入系統交易的實務介紹之前，先來看看幾個對**X5**影響重大的觀念，也是深植在**X5**的交易系統設計和事業模型的重要哲學。

大學修經濟學時，有一章節〈比較利益法則〉翻轉了我的視野。我用交易來舉例：

王冠軍做主觀當沖，白天做台指，可賺6,000元，晚上做美期，1天可賺8,000元，績效都比陳雅君的（5,000、2,000）高。

有時候美股沒行情，反而台指有，兩人都決定半個月做美股，另外半個月做台指。

因此，兩人的每月日平均獲利就是（3,000＋4,000）、（2,500＋1,000）。

右頁的圖，記錄兩個人分工，讓王冠軍只做美期，陳雅君只做台指，合起來賺到的錢會更多。

只是，在現實上有很多因素，阻礙了這樣的合作利益，如果把交易看成是個人長期的事業，努力去尋找或培育合作機會，是相當值得的。

這建立了我交易事業的核心理念。

在**系統交易**技術中，**組合多樣化**，尋找系統的依據不是**高報酬**，而是**低相關**，也是類似概念，而且有更進一步的效果。

	各自交易		分工交易	
	半個月	半個月	一個月	一個月
	台指	美期	台指	美期
王冠軍	3,000	4,000	0	8,000
陳雅君	2,500	1,000	5,000	0
合計	10,500		13,000	

比較利益法則

打破算數的局限二：$1+1=2^2$

在交易上，我和很多朋友一樣，都曾經用錯了力氣，除了忽視**比較利益法則**，閉門造車，耽誤了時效、局限了發展外，也曾迷失在單市場的努力，以為在台股先做到100分，再尋找下一個市場的100分。

事實上，100分是不可能的，或許，70分以上的**邊際效益**就變得相當低；什麼是**邊際效益**相當低？口語來說，努力10分，回報只有2～3分，正常應該有10分的。

前面提到我在2004年遇到兩顆子彈的槍擊事件，遭逢2根**跌停板**的震撼後，花了約4年的時間，才完成美國期貨的**多市場系統**建構，之後才領悟到：多市場交易的效益，並非$1+1=2$，而是2^2。

因為，報酬相加了，組合風險卻是減少了，若把風險調整到一樣，個別報酬就變多，組合報酬就比調整前的相加更大了。

前一則，我們用**比較利益法則**，舉例$7000+3500=13000>10500$，證明了$1+1>2$，這只是分工，若是合作將資金組合起來，在每個市場都可以做2個人的規模，最後分工合作的結果，不只是加法多出2500而已。以各自交易的平均值5250，到合資交易的26000來計算，已經是用到了乘方變成了5倍。（見右頁的圖）

機會成本是**比較利益法則**的分工基礎；合資效果在**資金管理**的**投資組合**中，憑藉的是組合成分之間的**相關性**。

	分工交易		合資交易	
	一個月	一個月	一個月	一個月
	台指	美期	台指	美期
王冠軍	0	8,000	0	16,000
陳雅君	5,000	0	10,000	0
合計	13,000		26,000	

$$1＋1＝2^2$$

X5交易事業的信念

X5體認到，要在交易上有成就，就必須跟時間賽跑。

投入的有效資源越多，速度自然就越快。因此，在**X5**的交易哲學中，有3大精神當做信念：**多贏**、**效能**與**永續**。

多贏是累積資源的基礎，可以對應財富公式的C：**資本**或**信用**；

效能是提升**優勢**、保障績效的燃料，對應財富公式的R：**獲利率**或**技術**；

永續是努力做到不間斷的財富累積，對應財富公式的N：**次數**或**壽命**。

X5在2008年開始寫部落格，格言是：

用系統交易，也用系統建立比自己壽命更長的價值與組織。

現在看起來，2010～2020年達成了前半段，用系統交易；2020設立了**超五系統顧問（股）公司**，特別以股份有限公司成立，就是打算完成自我格言中的永續價值，自許在10年內，完成學習型組織，能夠自我成長，超越我個人的生命。

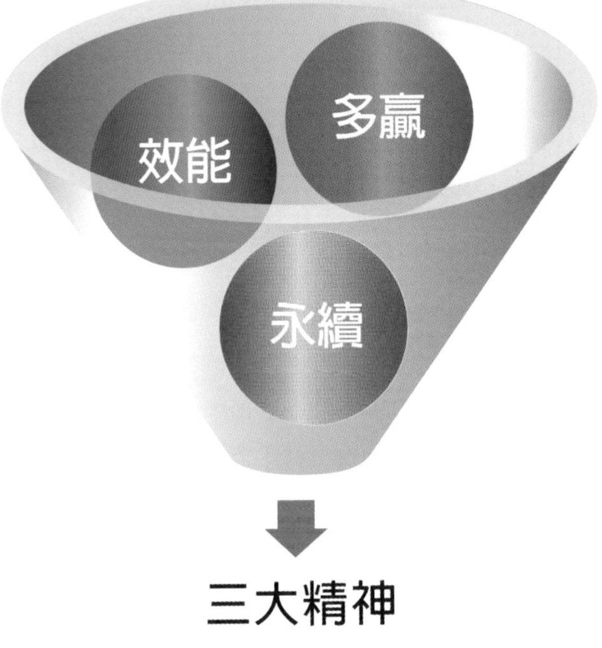

三大精神

X5交易事業的3大精神

財富公式的回測

財富公式最重要的運算元,是乘方。實現它的是時間。若要縮短時間,有兩種方式:

(1)創造交易機會,增加交易次數。

(2)獲利**再投資**,創造報酬**幾何成長**。

增加交易次數,不是鼓勵過度交易,而是有效能的,以**多商品多策略組合**來創造有意義的交易機會。這屬於**資金管理**技術中的**多樣化**。

獲利再投資,與每筆交易規模的**加減碼策略模型**有關,這屬於**資金管理**技術的**風險(報酬)控管**。

在談這些**資金管理**技術前,先來看看,用**X5**的交易系統回測出來的結果:

測試期間:2008/1/1～2020/1/1

交易商品:美國10數種期貨

交易策略:5大低相關策略

回測結果:淨值從1開始成長到200倍(年複利CAGR=55.75%)

你一定不能相信,這樣的績效,僅僅只有10.02%的最大風險(MDD),把年複利除以最大風險,得到的風險報酬(MAR),竟然高達5.56。

事實上,也不該相信,在可以查證到的10年以上公開績效,應該看不到這樣的數字,差異也相當的大。

但是,在你分析回測與實際績效的差異來源,並且知道回測控制了那些差異以前,除了不輕易相信外,也不該輕易否定。

3001_2+3004+3006+3007+3013			
Dyn	CAGR	MDD	MAR
3	55.75	-10.02	5.56

交易系統的回測

回測與實績的差異

程式交易者，多數對於回測，有著如同看山哲學的3個體驗過程：

看山是山：績效好厲害，我要發大財了（看到回測績效，就相信）

看山不是山：上線後，發現原來都是假的（回測績效不可能實現）

看山是山：存活者，總是知道該怎樣看回測（看到回測的意義）

X5把實際績效與回測的差異所在，用Spemco這6個英文字母來解釋，每個字母都是一個變異因子，可以想成是一個介於0到1的數字，把回測績效乘上6個數字，就會是實際的績效了。

它們分別是：

S：策略的穩健性（Stability）

p：交易部位的效能（Position Sizing）

e：交易執行能力（Execution ability）

m：市場的變化度（Market variance）

c：交易成本的控制（Costing）

o：其他（Others）

不知道系統交易的相關技術，就很難知道回測出來的是什麼樣的東西。

這些個別的技術因子，在書中會陸續介紹。

先克服了回測的認知障礙，才能進一步去面對，交易上必然的困難：價格風險（如MDD）、時間風險（淨值創高的相隔時間）與曝曬風險（會吐出去的帳上獲利）。

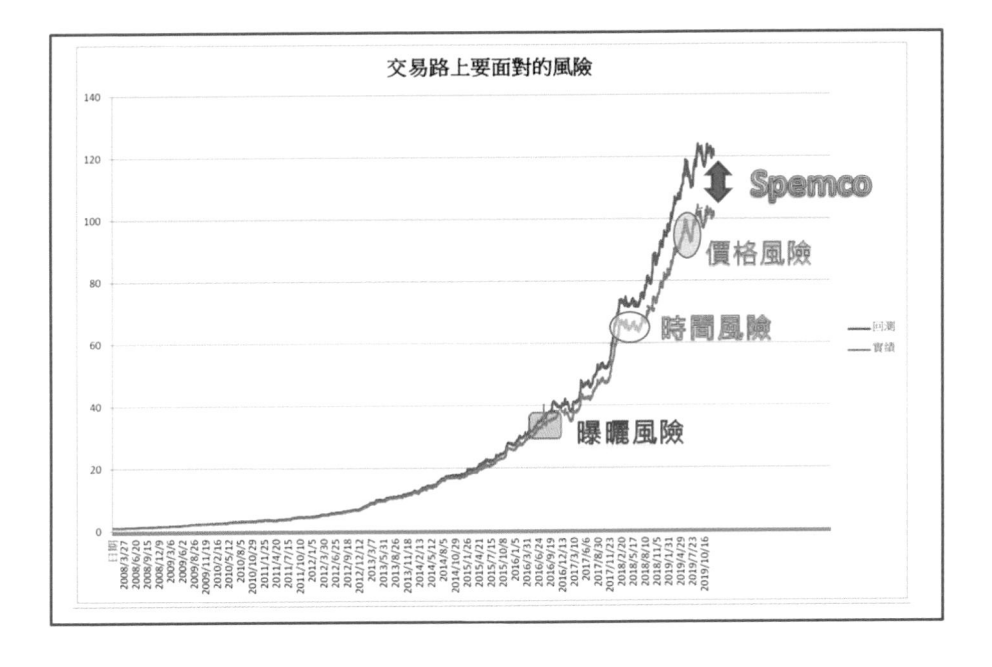

回測誤差Spemco與風險難題

X5系統交易的5大步驟

X5用5個動作，依序建立與執行系統交易，其中有一些關鍵技術，用來控制回測與實績的誤差，也同時降低系統執行時遇到的種種風險，避免觸發人性的恐懼弱點而喪失信心，來提高系統交易的永續。分別是：

選擇策略
套用市場
評估風險
執行交易
管理績效

可簡化為5個動作：**選擇**、**套用**、**評估**、**執行**與**管理**。

流程的順序，有時候是系統的重要差異。很多交易朋友，和我一樣是從台指期交易開始的，那就是先**選擇市場**，再**套用策略**。

這會比**X5**的方法困難許多，不是得花功夫，先研究熟悉市場特性，就是要開發或擁有大量的策略來測試套用。

如果反過來呢？

全世界的期貨市場有相當多的商品，用系統交易的方法，不用研究過多的特性，只要知道系統設定所需要的規格或規則就可以了，商品特性透過系統測試，自然會在結果中得到區分與學習。

至於，策略呢？我們前面的回測績效圖也只用了5個策略。

系統交易5大步驟

選擇策略

策略組合，建議就從這四支開始。

趨勢突破是量化程式交易最容易入手的，知名的<u>海龜系統</u>就是一個範例。這一支策略，會在後面的章節，有更進一步的介紹。

<u>逆勢策略</u>會是接下來的首選，因為會有很低的相關性，進而提升組合的風險報酬。**X5**選用的是相關性<u>逆勢價差策略</u>。

第三個策略是**動能當沖**，針對<u>日內</u>的行情做交易，可以與**<u>波段留倉</u>**策略做搭配，直觀上，也是**低相關**的組合。

最後，是<u>短線區間</u>策略，持倉大約在2天以內，以單邊區間交易，也算是一種逆勢策略，只是與<u>逆勢價差策略</u>一樣，**X5**都做了實戰改造。

有關實戰改造，是**X5**學堂的系統交易訓練重點，系統化可以讓我們把現有的變得更好，持續的系統化，就會持續的更好。

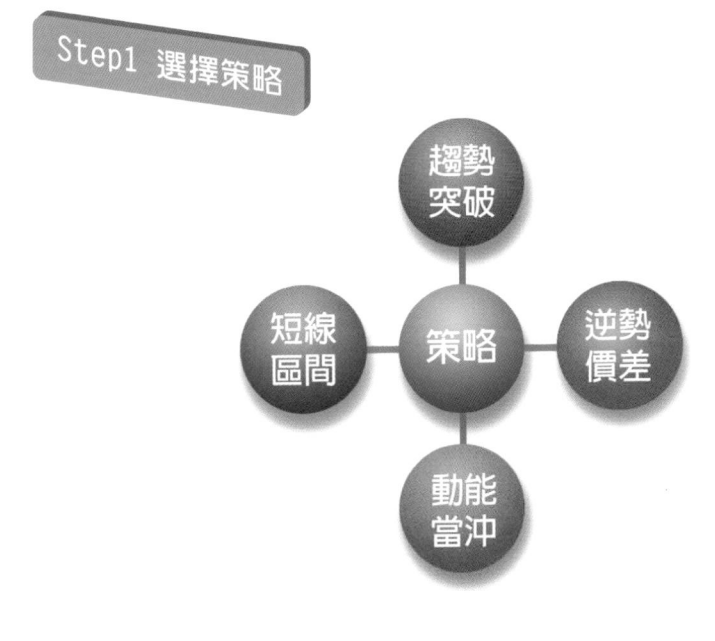

Step1 選擇策略

四大低相關策略

海龜策略

這個策略名稱是源自金融怪傑，期貨交易王子的理查・丹尼斯（Richard Dennis）與他的合夥人比爾・艾科哈特（William Eckhardt），進行一項名叫「**海龜計畫**」的交易者訓練。

對這個計畫與技術的詳細內容，可以參考接受訓練的海龜之一克提斯・費斯（Curtis M. Faith），著作的《海龜投資法則》。

同樣的，**X5**修改了**海龜策略**，這裡只先介紹**交易時機**的**訊號產生**規則。

進場與出場的時機，都依照過去一定的期間（N），來取得曾經最高與最低的成交價格，分別把每一個固定時間的最高點與最低點，劃出2條連線，就形成一個**價格通道**，因為是董詮（Donchian）第一個提出來的，又稱為**董詮通道**。

X5把出場的通道改成與進場一樣，因為原版的出場通道的期間，只有進場的一半（N／2），比較窄，訊號也會發生得比較快，目的是讓虧損或獲利回吐不要太大，**X5**卻喜歡出場使用與進場同樣寬的期間（N），通常可以提高勝率與期望值，至於過大的出場損失，另外以資金管理來處理。

另一個不一樣，是買進與賣出通道的期間（N_B，N_S）改成不一樣，市場在遭逢多頭與空頭，價格行為的表現是不一樣，不必要用相同的參數。

最後，是**X5**的改造重點，就是加入了**X5**設計的**行情濾網**，可以把行情指標輸入，計算目前行情所屬的等級，然後選擇可以進場的等級，才能允許價格通道被突破或跌破的進場訊號。

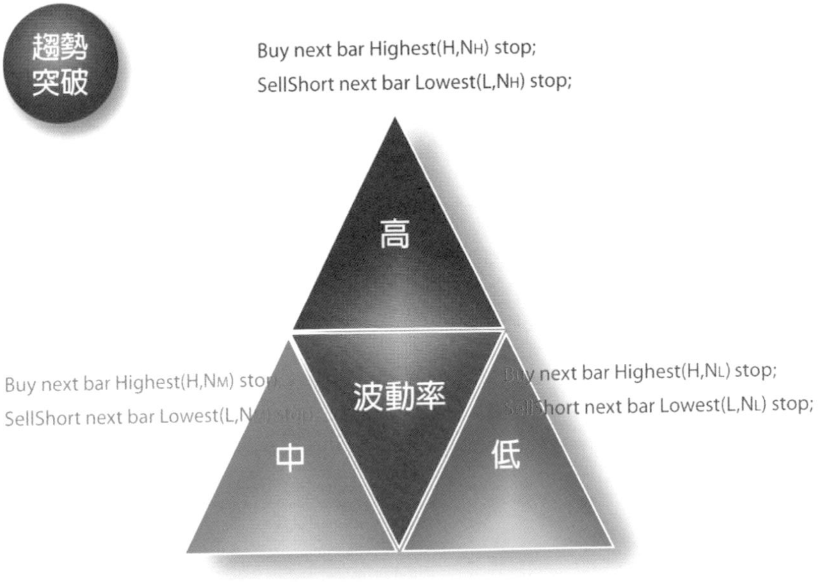

趨勢突破

Buy next bar Highest(H,N$_H$) stop;
SellShort next bar Lowest(L,N$_H$) stop;

高

波動率

Buy next bar Highest(H,N$_M$) stop;
SellShort next bar Lowest(L,N$_M$) stop;

Buy next bar Highest(H,N$_L$) stop;
SellShort next bar Lowest(L,N$_L$) stop;

中

低

海龜策略＋濾網

海龜策略程式化

用**TradeStation**軟體提供的程式工具，只要用兩行指令：

Buy next bar Highest(H,LenB) stop;

SellShort next bar Lowest(L,LenS) stop;

就可以寫出**X5**改造過的海龜策略，當然，還要加上之前提到的期間（N）的參數宣告，我們把買進與賣出的通道參數，分別命名為LenB與LenS，預設值暫時相同，而且與海龜系統一樣是20（右頁上圖）。

濾網的加入，會讓程式碼變得複雜一點（右頁下圖）。分段來說明，會更容易弄清楚：先設計好一個**函數**（Function），名稱是_myFilter，必須輸入兩個參數：第一個是我們要處理行情濾網的指標（indicator）值，這裡用的是Average（TrueRange,20）的內建函數來代表波動率指標；第二個是目前指標值的水準Rank，是使用者事先指定的值：0（**所有行情**）、1（**低波動**）、2（**中波動**）、3（**高波動**）。

_myFilter計算出來的值，放入變數filter，並且把整個函數計算式，放到Rank <> 0 的條件式中，當Rank（設定值））＝0 時，filter變數值恆為成立，也就是說不採濾網限制（等同設定所有行情都可以進場）了。把原來買進賣出的那兩行進場指令，掛在filter（變數值＝成立）的條件式下，就會依照Rank設定的波動水準，限制可依價格通道進場的時機。

程式中的Buy與SellShort都各代表著兩個動作：把原來反向的進場部位出場，再依照Buy買進或SellShort賣出來進場。當我們把進場指令放入filter條件式後，一旦濾網條件不成立，不僅不能進場，連反向部位的出場都不會被執行，我們並不希望如此，所以，就另外再加入了，賣出合約與買進合約的出場指令：

Buytocover next bar Highest(H,LenB) stop;

Sell next bar Lowest(L,LenS) stop;

```
TradeStation Development Environment - !X5_PriceChannel : Strategy

File   Edit   View   Build   Debug   Tools   Window   Help

      !X5_PriceChannel : Strategy

//======== Declare ======================
input :

            LenB(20),
            LenS(20);




//======== Entry ======================

            Buy next bar Highest(H,LenB) stop;
            Sellshort next bar Lowest(L,LenS) stop;
```

```
TradeStation Development Environment - !X5_PriceChannel : Strategy

File   Edit   View   Build   Debug   Tools   Window   Help

      !X5_PriceChannel : Strategy

//======== Declare ======================
input :
            Rank(0),
            LenB(20),
            LenS(20);

Var : filter(true);

//======== Filter ======================
if Rank <> 0 then begin
    filter = _myFilter(Average(TrueRange,20),Rank);
end;

//======== Entry ======================
If filter then begin
            Buy next bar Highest(H,LenB) stop;
            Sellshort next bar Lowest(L,LenS) stop;
End;


//======= Exit ======================
Buytocover next bar Highest(H,LenB) stop;
Sell next bar Lowest(L,LenS) stop;
```

海龜策略再造程式（一）

歷史回測

　　TradeStation是一套模擬軟體，可以把歷史價格輸入到交易策略，回推測試結果，一般稱**歷史回測**或**回測**。

　　把前面**X5**海龜策略再造的程式碼，來做歷史回測的比較：

　　期間：**2001/1/1～2020/1/1**

　　商品：**小那斯達克指數期貨（NQ）**

　　我們想要比較不同波動水準的績效表現，本來必須分別設定Rank＝0,1,2,3，各自執行一次測試，共4次，但也可以利用軟體提供的參數**最佳化**功能，設定一次後，讓電腦批次執行測試，並且產出**最佳化報表**。（右頁上圖）

　　報表中，中低波動（Rank＝1或2）的表現都明顯比不設定濾網（Rank＝0）的好，比如**累積淨損益**（Net Profit）、**勝率**（% Profitable）、**平均賠率**（Win／Loss Ratio）、**獲利因子**（Profit Factor）與**帳戶報酬率**（Return on Account）。還有**最大的虧損金額**（Max Intraday Drawdown）也比較小。

　　代表行情濾網是有效果的。

　　也可以把波動濾網，簡化成一般的短期波動率與長期波動率比較，當短期的值比較大，符合高波動濾網的Rank＝2設定；當長期的值比較大，就符合低波動Rank＝1的設定。（右頁下圖）

　　這樣的低波動濾網，風險報酬（Return On Account）表現的最好，因為風險（Max Intraday DrawDwon）縮小了幾乎一半（右頁中圖），不過，這樣做就只能分成高低兩種波動率，無法自行切割太多等級了。

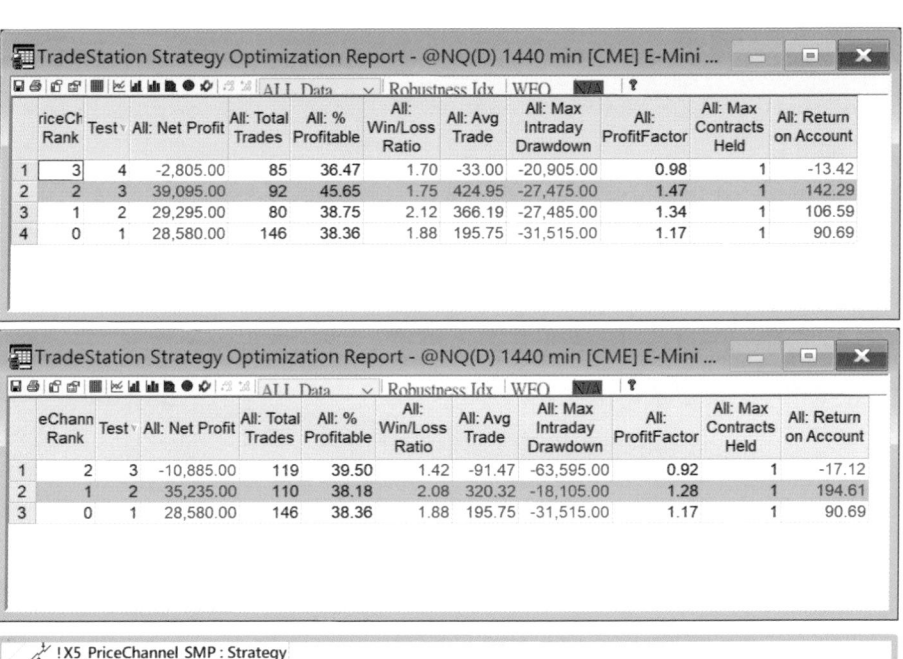

	riceCh Rank	Test	All: Net Profit	All: Total Trades	All: % Profitable	All: Win/Loss Ratio	All: Avg Trade	All: Max Intraday Drawdown	All: ProfitFactor	All: Max Contracts Held	All: Return on Account
1	3	4	-2,805.00	85	36.47	1.70	-33.00	-20,905.00	0.98	1	-13.42
2	2	3	39,095.00	92	45.65	1.75	424.95	-27,475.00	1.47	1	142.29
3	1	2	29,295.00	80	38.75	2.12	366.19	-27,485.00	1.34	1	106.59
4	0	1	28,580.00	146	38.36	1.88	195.75	-31,515.00	1.17	1	90.69

	eChann Rank	Test	All: Net Profit	All: Total Trades	All: % Profitable	All: Win/Loss Ratio	All: Avg Trade	All: Max Intraday Drawdown	All: ProfitFactor	All: Max Contracts Held	All: Return on Account
1	2	3	-10,885.00	119	39.50	1.42	-91.47	-63,595.00	0.92	1	-17.12
2	1	2	35,235.00	110	38.18	2.08	320.32	-18,105.00	1.28	1	194.61
3	0	1	28,580.00	146	38.36	1.88	195.75	-31,515.00	1.17	1	90.69

```
!X5_PriceChannel_SMP : Strategy
//======== Declare =====================
input : vT(0),
        Rank(0),
        LenB(20),
        LenS(20);

Var : filter(true);

//======== Filter =====================
Switch Rank
begin
    Case 1: filter = Average(TrueRange,5)<=Average(TrueRange,50);
    Case 2: filter = Average(TrueRange,5) > Average(TrueRange,50);
    Default : filter = true;
end;

//======== Entry =====================
If filter then begin
    If vT>=0 then Buy next bar Highest(H,LenB) stop;
    if vT<=0 then Sellshort next bar Lowest(L,LenS) stop;
End;


//======= Exit =====================
Buytocover next bar Highest(H,LenB) stop;
Sell next bar Lowest(L,LenS) stop;
```

波動率濾網最佳化績效報表

再加一個濾網

股票指數是依照上市公司的股價來編撰的，通常是以股價與股本的加權來計算。

公司業績不好的，在一定的條件會被剔除，業績好的，除了股價會漲，還會增資擴大規模，也就是股本會變大，因此，指數通常是易漲難跌，除非遇到週期性景氣循環的修正，或者發生重大事件，如美國九一一恐攻、次貸金融危機與全球性的新冠肺炎疫情。

因此，針對指數期貨，可以加上一個濾網：只做買進多單，不做賣出放空的進場。

這個濾網參數，命名為vT，意指交易方向，當值大於0，只做多單進場；小於0，只做賣出空單；等於0，多空都可以做（不設方向濾網）。

所以只要在買進指令前，加上vT＞＝0的條件限制；在賣出放空指令前，加上vT＜＝0的條件限制，就可以了。

```
TradeStation Development Environment - !X5_PriceChannel : Strategy

File  Edit  View  Build  Debug  Tools  Window  Help

!X5_PriceChannel : Strategy

//======== Declare ========================
input : vT(0),
        Rank(0),
        LenB(20),
        LenS(20);

Var : filter(true);

//======== Filter ========================
if Rank <> 0 then begin
    filter = _myFilter(Average(TrueRange,20),Rank);
end;

//======== Entry ========================
If filter then begin
    if vT>=0 then Buy next bar Highest(H,LenB) stop;
    if vT<=0 then Sellshort next bar Lowest(L,LenS) stop;
End;


//======= Exit ========================
Buytocover next bar Highest(H,LenB) stop;
Sell next bar Lowest(L,LenS) stop;
```

進場方向濾網程式碼

濾網績效的比較

　　績效測試常用到一種3維的圖形，檢視不同參數（組）的獲利分布，如果在高獲利區域有很多參數組，稱為**參數高原**，代表該獲利區具有統計代表性；如果，該區域只有零星幾組參數，就稱為**參數孤島**，代表該獲利不具穩健性。

　　X5習慣直接看最佳化報表，將**淨損益**（NetProfit）獲利時，設定為藍色；虧損時，設定為紅色。可以依照顏色來觀察，類參數高原現象是否存在。

	01-0h ilenB	01-0h ilenS	Test	All: Net Profit	All: Total Trades	All: % Profitable	All: Win/Loss Ratio	All: Avg Trade	All: Max Intraday Drawdown	All: ProfitFactor	All: Max Contracts Held	All: Return on Account
92	18	44	534	7,480.00	49	36.73	2.02	152.65	-16,860.00	1.18	1	44.37
93	16	44	533	5,485.00	53	37.74	1.86	103.40	-14,810.00	1.12	1	37.04
94	14	44	532	-2,615.00	55	32.73	1.95	-47	...05.00	0.95	1	-18.67
95	12	44	531	-15,605.00	61	29.51	1.66	-255	...10.00	0.70	1	-74.27
96	10	44	530	-8,015.00	65	33.85	1.60	-123	30.00	0.84	1	-48.49
97	8	44	529	-6,855.00	73	41.10	1.23	-93.90	-16,970.00	0.86	1	-40.39
98	6	44	528	11,965.00	88	45.45	1.51	135.97	-14,600.00	1.26	1	81.95
99	4	44	527	33,605.00	112	51.79	1.60	300.04	-8,735.00	1.72	1	384.72
100	2	44	526	16,770.00	176	41.48	1.76	95.28	-14,790.00	1.26	1	113.39
101	50	42	525	8,860.00	20	30.00	3.33	443.00	-10,805.00	1.43	1	82.00
102	48	42	524	8,860.00	20	30.00	3.33	443.00	-10,805.00	1.43	1	82.00
103	46	42	523	8,860.00	20	30.00	3.33	443.00	-10,805.00	1.43	1	82.00
104	44	42	522	8,860.00	20	30.00	3.33	443.00	-10,805.00	1.43	1	82.00
105	42	42	521	8,860.00	20	30.00	3.33	443.00	-10,805.00	1.43	1	82.00
106	40	42	520	4,865.00	21	33.33	231.67	-10,145.00	1.24	1	47.95
107	38	42	519	1,750.00	26	28.12	67.31	-10,545.00	1.07	1	16.60
108	36	42	518	2,480.00	26	30.77	2.49	95.38	-10,055.00	1.11	1	24.66
109	34	42	517	10,095.00	27	33.33	2.92	373.89	-9,440.00	1.46	1	106.94
110	32	42	516	14,035.00	27	33.33	3.41	519.81	-7,800.00	1.71	1	179.94
111	30	42	515	14,670.00	28	39.29	2.61	523.93	-9,010.00	1.69	1	162.82
112	28	42	514	16,845.00	28	39.29	2.79	601.61	-8,110.00	1.81	1	207.71
113	26	42	513	15,215.00	30	43.33	2.25	507.17	-8,330.00	1.72	1	182.65
114	24	42	512	16,525.00	34	44.12	2.23	486.03	-10,170.00	1.76	1	162.49
115	22	42	511	7,150.00	40	40.00	1.86	178.75	-12,755.00	1.24	1	56.06
116	20	42	510	10,245.00	45	40.00	1.96	227.67	-13,890.00	1.31	1	73.76
117	18	42	509	7,480.00	49	36.73	2.02	152.65	-16,860.00	1.18	1	44.37
118	16	42	508	5,485.00	53	37.74	1.86	103.49	-14,810.00	1.12	1	37.04
119	14	42	507	-2,615.00	55	32.73	1.95	-47.55	-14,005.00	0.95	1	-18.67
120	12	42	506	-15,605.00	61	29.51	1.66	-255.82	-21,010.00	0.70	1	-74.27
121	10	42	505	-8,015.00	65	33.85	1.60	-123.31	-16,530.00	0.84	1	-48.49
122	8	42	504	-6,855.00	73	41.10	1.23	-93.90	-16,970.00	0.86	1	-40.39
123	6	42	503	11,965.00	88	45.45	1.51	135.97	-14,600.00	1.26	1	81.95

*畫面取自TradeStation Technologies, Inc. All rights reserved.

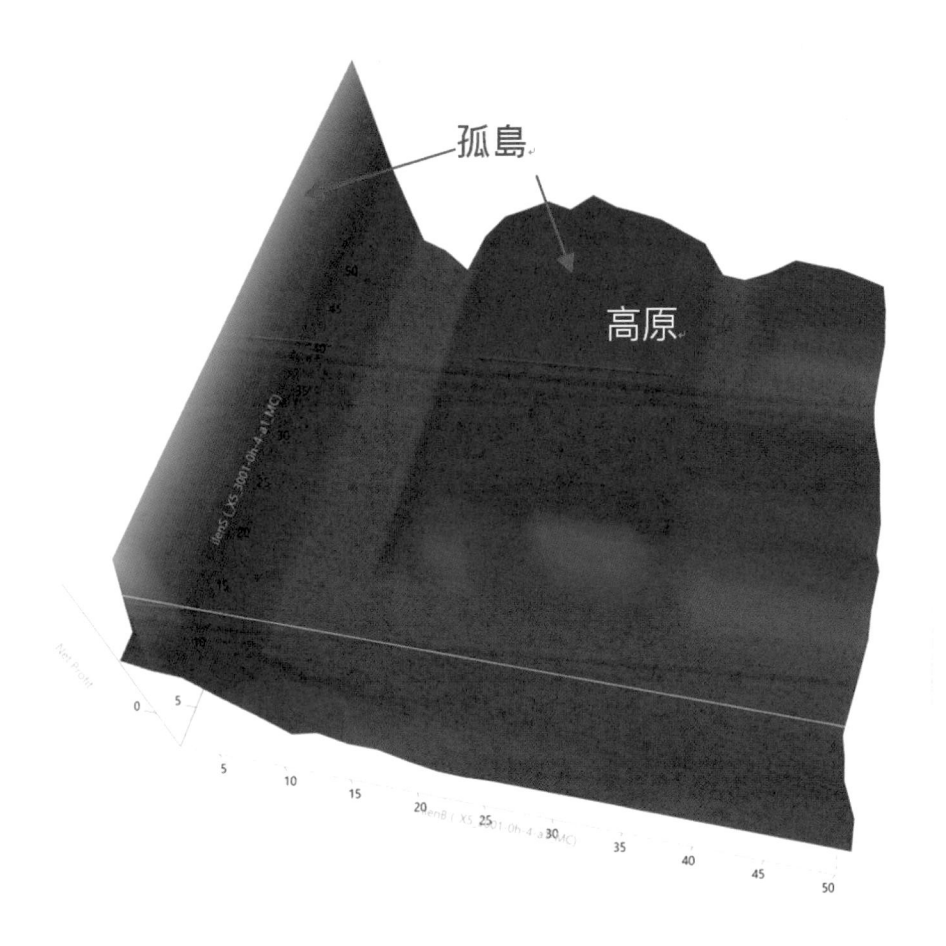

*畫面擷取自Multi-Charts

3D參數高原＆參數孤島

參數獲利分布——無濾網

依前面<u>歷史回測</u>的範例，改變一下測試方式，不再用固定的多空價格通道參數，而是各自做10種參數的最佳化測試，總共有100筆結果，做了3次最佳化測試，分別是不做濾網、低波動濾網以及含只做多單的<u>雙濾網</u>。

測試一　無濾網：vT與Rank都設為0。
結果：38組獲利（藍色），62組虧損（紅色）。

<u>參數高原</u>現象薄弱，比較接近<u>參數孤島</u>。

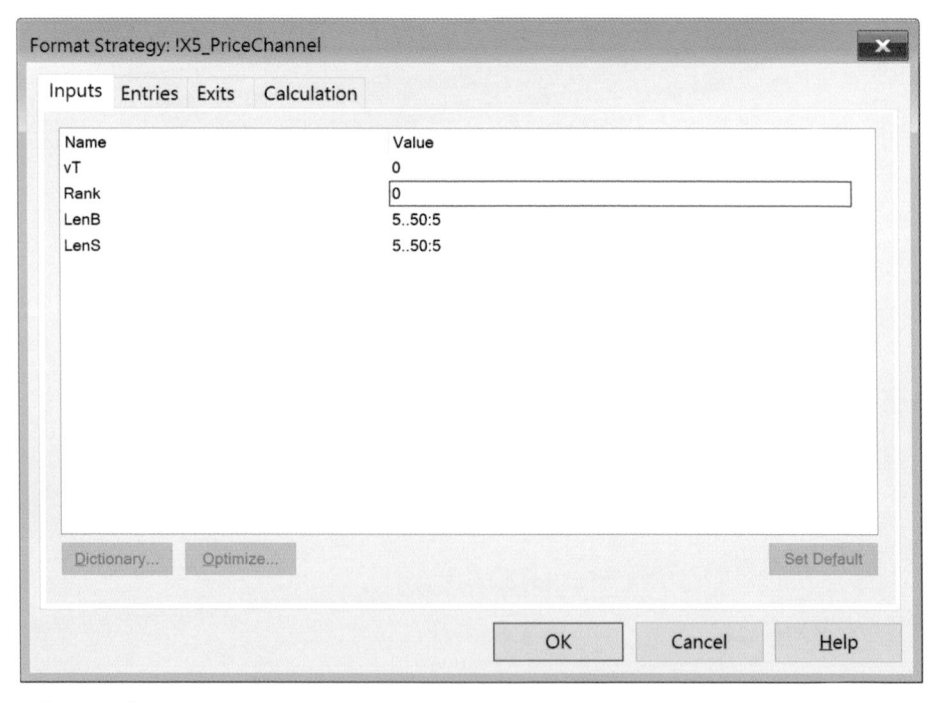

*畫面取自 TradeStation Technologies, Inc. All rights reserved.

riceCrriceCr LenB LenS	Test	Alt: Net Profit	Alt: Total Trades	Alt: % Profitable	All Win/Loss Ratio	Alt: Avg Trade	Alt: Max Intraday Drawdown	Alt: ProfitFactor	Alt: Max Contracts Held	Alt: Return on Account	riceCrriceCr LenB LenS	Test	Alt: Net Profit	Alt: Total Trades	Alt: % Profitable	All Win/Loss Ratio	Alt: Avg Trade	Alt: Max Intraday Drawdown	Alt: ProfitFactor	Alt: Max Contracts Held	Alt: Return on Account
1	50 50	100	-31,945.00	63	33.33	1.56	-507.06	-52,025.00	0.78	1	-61.40	50 25	50	-34,075.00	99	34.34	1.53	-344.19	-62,470.00	0.80	1	-64.55
2	45 50	99	-18,785.00	63	36.51	1.50	-298.17	-44,575.00	0.86	1	-42.14	52	45 25	49	-20,415.00	99	38.36	1.53	-206.21	-55,770.00	0.87	1	-36.61
3	40 50	98	-455.00	63	39.68	1.53	7.22	-39,085.00	1.00	1	1.10	53	40 25	48	-4,335.00	101	39.60	1.48	-42.92	-54,040.00	0.97	1	-8.02
4	35 50	97	-4,455.00	67	38.81	1.52	-66.49	-39,085.00	0.97	1	-11.40	54	35 25	47	-3,385.00	105	38.10	1.59	-32.24	-50,615.00	0.98	1	-6.69
5	30 50	96	15,130.00	67	40.30	1.86	225.82	-34,325.00	1.12	1	44.08	55	30 25	45	-1,880.00	113	38.28	1.71	-39.47	-56,765.00	0.97	1	-7.86
6	25 50	95	13,465.00	73	38.36	1.78	184.45	-30,135.00	1.11	1	44.88	55	25 25	45	-17,580.00	125	36.00	1.62	-140.84	-50,645.00	0.91	1	-34.71
7	20 50	94	39,460.00	75	41.33	1.90	526.13	-29,365.00	1.34	1	134.38	57	20 25	44	11,360.00	131	36.64	1.84	86.72	-35,935.00	1.06	1	31.61
8	15 50	93	25,430.00	86	37.65	1.98	299.18	-25,795.00	1.20	1	98.58	58	15 25	43	2,495.00	145	35.86	1.81	17.21	-29,575.00	1.01	1	8.44
9	10 50	92	26,870.00	97	40.21	1.77	277.01	-36,115.00	1.19	1	74.40	59	10 25	42	18,025.00	163	39.26	1.69	110.58	-31,380.00	1.09	1	57.44
10	5 50	91	31,070.00	129	37.21	2.03	240.85	-36,040.00	1.20	1	86.21	60	5 25	41	28,520.00	217	38.67	1.93	131.43	-37,660.00	1.13	1	75.73
11	50 45	90	-13,295.00	63	36.51	1.57	-211.03	-43,815.00	0.90	1	-30.34	61	50 20	40	-34,835.00	115	33.91	1.55	-302.91	-62,825.00	0.79	1	-55.45
12	45 45	89	-135.00	63	38.10	1.52	-2.14	-38,245.00	1.00	1	-0.35	62	45 20	39	-21,175.00	115	35.65	1.57	-184.13	-56,125.00	0.87	1	-37.73
13	40 45	88	19,105.00	63	44.44	1.45	303.25	-34,505.00	1.16	1	55.37	63	40 20	37	-4,485.00	117	38.46	1.56	-38.33	-50,750.00	0.99	1	-1.96
14	35 45	87	14,195.00	67	41.79	1.55	211.87	-34,505.00	1.11	1	41.14	64	35 20	37	-995.00	121	38.02	1.52	-8.22	-50,750.00	0.99	1	3.57
15	30 45	86	33,780.00	67	41.79	1.80	504.18	-30,940.00	1.29	1	109.18	65	30 20	36	1,880.00	129	38.76	1.60	14.57	-52,625.00	1.01	1	3.57
16	25 45	85	32,115.00	73	42.47	1.72	439.93	-29,410.00	1.27	1	109.20	66	25 20	36	-3,630.00	141	39.01	1.53	-25.74	-46,145.00	0.98	1	-8.04
17	20 45	84	52,110.00	77	44.16	1.84	676.75	-29,350.00	1.46	1	177.55	67	20 20	36	25,900.00	147	38.10	1.87	176.19	-31,515.00	1.15	1	82.18
18	15 45	83	38,760.00	87	43.68	1.65	445.52	-25,780.00	1.21	1	150.35	68	15 20	32	7,245.00	163	39.88	1.56	44.45	-34,010.00	1.04	1	21.30
19	10 45	82	34,680.00	101	42.57	1.67	343.37	-32,010.00	1.24	1	108.34	69	10 20	32	16,045.00	187	40.64	1.57	85.80	-44,035.00	1.07	1	36.44
20	5 45	81	41,540.00	133	36.84	2.17	312.33	-39,060.00	1.27	1	106.35	70	5 20	31	28,770.00	251	37.05	1.89	114.62	-34,610.00	1.13	1	83.13
21	50 40	80	-27,225.00	69	37.68	1.36	-394.57	-51,015.00	0.82	1	-53.37	71	50 15	30	-72,930.00	149	32.21	1.58	-489.46	-82,370.00	0.66	1	-88.54
22	45 40	79	-13,925.00	69	39.13	1.37	-201.81	-43,155.00	0.90	1	-32.27	72	45 15	29	-59,270.00	149	34.23	1.37	-397.79	-74,150.00	0.71	1	-79.93
23	40 40	78	6,415.00	69	43.48	1.36	92.97	-35,715.00	1.05	1	17.96	73	40 15	28	-2,460.00	155	36.42	1.38	-281.19	-70,220.00	0.79	1	-60.47
24	35 40	77	2,625.00	73	41.10	1.46	35.96	-33,405.00	1.02	1	7.86	74	35 15	27	-37,490.00	155	35.48	1.48	-241.87	-66,680.00	0.82	1	-56.52
25	30 40	76	24,800.00	73	42.47	1.52	339.73	-29,185.00	1.19	1	84.98	75	30 15	26	-31,930.00	161	36.81	1.46	-195.89	-68,285.00	0.82	1	-46.76
26	25 40	75	26,810.00	79	41.77	1.68	339.37	-29,195.00	1.20	1	91.83	76	25 15	25	-41,660.00	179	34.64	1.55	-232.74	-67,685.00	0.82	1	-61.55
27	20 40	74	49,555.00	83	44.58	1.74	597.05	-27,595.00	1.40	1	179.58	77	20 15	24	-17,070.00	189	34.92	1.72	-90.32	-52,565.00	0.92	1	-32.47
28	15 40	73	37,490.00	93	43.01	1.69	403.12	-26,700.00	1.27	1	143.26	78	15 15	23	-26,950.00	207	38.71	1.53	-130.19	-54,690.00	0.89	1	-49.28
29	10 40	72	42,540.00	107	43.93	1.65	397.57	-31,380.00	1.29	1	135.56	79	10 15	22	-30,860.00	241	35.27	1.53	-128.05	-68,405.00	0.89	1	-45.11
30	5 40	71	44,275.00	147	35.37	2.31	301.19	-34,290.00	1.26	1	129.12	80	5 15	20	-790.00	313	35.48	1.81	-2.52	-51,780.00	1.00	1	-1.53
31	50 35	70	-76,235.00	85	31.76	1.35	-896.88	-95,395.00	0.68	1	-71.78	82	45 10	19	-79,440.00	189	31.75	1.41	-420.32	-92,775.00	0.65	1	-85.83
32	48 35	68	-62,575.00	88	32.64	1.39	-738.18	-87,175.00	0.72	1	-55.82	83	40 10	18	-62,630.00	191	33.51	1.43	-327.90	-90,055.00	0.72	1	-69.55
33	40 35	68	-41,585.00	89	35.29	1.43	-489.24	-74,505.00	0.78	1	-61.99	84	35 10	18	-31,930.00	195	33.85	1.46	-289.33	-86,610.00	0.75	1	-65.14
34	35 35	67	-41,315.00	89	34.83	1.47	-464.21	-66,650.00	0.79	1	-56.25	85	30 10	18	-48,710.00	205	34.63	1.49	-237.61	-88,520.00	0.79	1	-55.03
35	30 35	65	-36,800.00	95	34.74	1.53	-387.37	-65,420.00	0.81	1	-48.86	86	25 10	16	-46,710.00	225	32.89	1.58	-249.33	-84,420.00	0.77	1	-66.45
36	25 35	65	-30,840.00	101	33.66	1.65	-305.35	-63,385.00	0.84	1	-4.35	87	20 10	14	-48,580.00	241	33.20	1.64	-201.58	-90,030.00	0.81	1	-53.86
37	20 35	64	-2,145.00	105	38.10	1.61	-20.43	-49,315.00	0.99	1	-19.05	88	15 10	12	-75,700.00	267	34.08	1.64	-283.75	-105,910.00	0.74	1	-71.53
38	15 35	63	-8,150.00	115	36.52	1.66	-70.87	-42,785.00	0.96	1	25.92	89	10 10	12	-63,530.00	347	34.96	1.68	-205.60	-102,545.00	0.80	1	-61.95
39	10 35	62	11,050.00	129	39.53	1.62	85.60	-42,830.00	1.08	1	24.92	90	5 10	11	-38,790.00	397	35.01	1.65	-97.71	-73,765.00	0.89	1	-52.98
40	5 35	61	9,035.00	175	34.29	1.98	51.63	-36,250.00	1.04	1	24.92	91	50 5	10	-39,960.00	247	31.98	1.72	-161.78	-55,855.00	0.81	1	-71.54
41	50 30	60	-48,345.00	89	35.96	1.31	-543.20	-76,455.00	0.74	1	-63.23	92	45 5	9	-33,950.00	255	31.76	1.60	-133.14	-50,445.00	0.84	1	-67.30
42	45 30	59	-34,685.00	89	37.08	1.36	-389.72	-68,235.00	0.80	1	-50.83	93	40 5	9	-28,370.00	263	31.94	1.85	-107.87	-50,615.00	0.87	1	-56.05
43	40 30	58	-13,695.00	89	40.45	1.36	-139.09	-57,070.00	0.92	1	-22.64	94	35 5	7	-25,170.00	269	32.34	1.85	-93.57	-48,430.00	0.89	1	-51.97
44	35 30	57	-12,935.00	93	38.71	1.48	-139.09	-57,070.00	0.92	1	-22.67	95	30 5	6	-23,830.00	287	33.45	1.79	-83.03	-48,145.00	0.90	1	-49.50
45	30 30	56	-6,190.00	99	38.38	1.55	-62.53	-55,400.00	0.96	1	-11.17	96	25 5	5	-23,650.00	311	33.76	1.77	-76.05	-47,850.00	0.90	1	-56.51
46	25 30	55	-4,230.00	109	35.78	1.75	-38.81	-49,585.00	0.98	1	-8.53	98	20 5	4	-27,890.00	337	33.83	1.78	-82.76	-48,025.00	0.90	1	-58.07
47	20 30	54	25,165.00	113	36.28	2.00	120.72	-37,650.00	1.09	1	88.84	97	15 5	2	-34,990.00	375	34.67	1.63	-103.97	-58,280.00	0.87	1	-66.90
48	18 30	53	15,090.00	141	36.80	1.87	120.72	-35,695.00	1.09	1	42.27	98	10 5	1	-22,310.00	439	35.74	1.89	-50.82	-46,245.00	0.93	1	-48.24
49	10 30	52	29,410.00	141	40.43	1.71	208.58	-39,470.00	1.16	1	74.51	99	5 5	1	-18,740.00	563	37.83	1.55	-33.29	-38,240.00	0.95	1	-49.01
50	5 30	51	25,165.00	193	34.72	2.11	130.39	-34,830.00	1.12	1	72.25											

*畫面取自TradeStation Technologies, Inc. All rights reserved.

參數獲利分布比較

參數獲利分布——低波動濾網

再來測試**低波動濾網**。

測試二　低波動濾網：Rank設為1（vT維持0，不開啟）。
結果：71組獲利（藍色），29組虧損（紅色）。

已經有明顯的**參數高原**現象了。

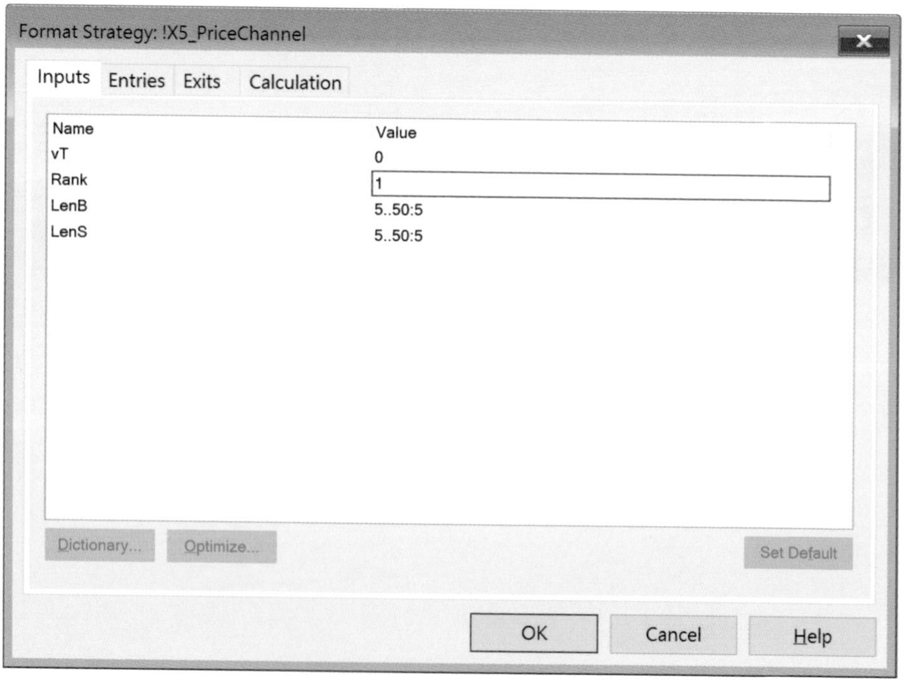

Format Strategy: !X5_PriceChannel		
Inputs　Entries　Exits　Calculation		
Name	Value	
vT	0	
Rank	1	
LenB	5..50:5	
LenS	5..50:5	

Dictionary...　Optimize...　　　　　　　　　　Set Default

OK　　　Cancel　　　Help

	riceCtriceCt LenB LenS	Test	All: Net Profit	All: Total Trades	All: % Profitable	All: Win/Loss Ratio	All: Avg Trade	All: Max Intraday Drawdown	All: ProfitFactor	All: Max Contracts Held	All: Return on Account		riceCtriceCt LenB LenS	Test	All: Net Profit	All: Total Trades	All: % Profitable	All: Win/Loss Ratio	All: Avg Trade	All: Max Intraday Drawdown	All: ProfitFactor	All: Max Contracts Held	All: Return on Account
1	50 50	100	50,840.00	34	44.12	2.68	1,495.29	-21,515.00	2.11	1	238.30	51	50 25	50	48,200.00	54	48.30	2.03	855.56	-17,880.00	1.75	1	258.39
2	45 50	99	53,760.00	35	45.71	2.58	1,536.57	-21,515.00	2.17	1	249.97	52	45 25	49	50,400.00	55	45.45	2.19	916.36	-17,880.00	1.83	1	281.88
3	40 50	98	61,325.00	38	48.57	2.55	1,752.14	-21,515.00	2.41	1	285.03	53	40 25	48	58,860.00	55	49.09	2.08	1,070.16	-17,880.00	2.01	1	329.19
4	35 50	97	60,875.00	35	45.95	2.70	1,645.27	-21,515.00	2.30	1	282.94	54	35 25	47	56,155.00	58	46.55	2.19	968.19	-17,880.00	1.91	1	314.07
5	30 50	96	65,360.00	37	45.95	2.87	1,766.49	-21,515.00	2.44	1	303.79	55	30 25	46	53,200.00	60	48.67	2.02	886.67	-26,800.00	1.77	1	198.51
6	25 50	95	57,890.00	40	45.00	2.83	1,447.25	-21,515.00	2.15	1	269.07	56	25 25	45	43,425.00	67	43.28	2.04	648.13	-25,370.00	1.56	1	171.17
7	20 50	94	60,750.00	41	43.90	2.83	1,481.71	-20,870.00	2.22	1	291.09	57	20 25	44	46,505.00	70	42.86	2.11	664.36	-23,540.00	1.58	1	197.56
8	15 50	93	64,070.00	42	42.86	3.20	1,525.48	-20,645.00	2.40	1	310.34	58	15 25	43	60,300.00	73	43.84	2.15	689.04	-22,400.00	1.68	1	224.55
9	10 50	92	72,100.00	45	48.89	2.71	1,602.22	-20,645.00	2.63	1	349.24	59	10 25	42	61,370.00	77	44.16	2.31	797.01	-25,140.00	1.83	1	244.11
10	5 50	91	59,295.00	54	40.74	3.21	1,098.06	-19,605.00	2.20	1	302.45	60	5 25	41	50,605.00	91	36.26	2.93	556.10	-20,895.00	1.67	1	242.19
11	50 45	90	59,325.00	34	47.06	2.71	1,744.85	-21,135.00	2.41	1	280.70	61	50 20	40	23,100.00	64	39.06	2.05	360.94	-25,560.00	1.31	1	90.38
12	45 45	89	62,265.00	35	45.71	2.62	1,779.00	-21,135.00	2.47	1	294.61	62	45 20	39	27,510.00	65	38.46	2.20	423.23	-24,590.00	1.38	1	111.87
13	40 45	88	69,810.00	35	48.57	2.90	1,994.57	-21,135.00	2.74	1	330.31	63	40 20	38	36,095.00	65	41.54	2.13	554.69	-24,350.00	1.51	1	148.07
14	35 45	87	69,360.00	37	45.95	3.05	1,874.59	-21,135.00	2.60	1	328.18	64	35 20	37	35,140.00	68	39.71	2.25	516.76	-24,255.00	1.48	1	144.88
15	30 45	86	73,845.00	37	45.95	3.21	1,995.81	-21,135.00	2.76	1	349.40	65	30 20	36	34,695.00	70	40.00	2.17	495.64	-31,335.00	1.44	1	110.72
16	25 45	85	68,375.00	40	47.50	2.69	1,659.38	-21,135.00	2.43	1	314.05	66	25 20	35	27,175.00	77	38.98	2.06	352.92	-29,905.00	1.32	1	90.87
17	20 45	84	69,235.00	41	48.78	2.61	1,688.66	-20,490.00	2.44	1	337.90	67	20 20	34	34,905.00	80	38.75	2.19	409.44	-27,485.00	1.38	1	119.17
18	15 45	83	72,555.00	42	50.00	2.73	1,727.50	-20,265.00	2.71	1	358.03	68	15 20	33	36,935.00	83	40.96	2.11	445.00	-26,320.00	1.46	1	140.33
19	10 45	82	80,585.00	45	51.11	2.81	1,790.78	-20,265.00	2.83	1	397.86	69	10 20	32	48,185.00	90	41.11	2.26	535.39	-32,705.00	1.58	1	147.33
20	5 45	81	67,780.00	54	44.44	3.05	1,255.19	-19,225.00	2.44	1	352.56	70	5 20	31	44,275.00	108	34.91	2.92	417.69	-23,910.00	1.57	1	185.17
21	50 40	80	52,475.00	38	52.63	1.84	1,380.92	-20,365.00	2.04	1	257.67	71	50 15	30	-43,370.00	96	30.21	1.56	-451.77	-57,150.00	0.67	1	-75.89
22	45 40	79	55,885.00	39	53.85	1.91	1,432.95	-20,365.00	2.11	1	274.42	72	45 15	29	-38,290.00	97	30.93	1.54	-394.28	-55,240.00	0.71	1	-69.23
23	40 40	78	64,010.00	39	56.41	1.80	1,641.28	-20,365.00	2.33	1	314.31	73	40 15	28	-27,835.00	97	32.99	1.58	-286.96	-60,680.00	0.78	1	-54.92
24	35 40	77	63,560.00	41	53.66	1.93	1,550.24	-20,365.00	2.23	1	312.10	74	35 15	27	-27,840.00	100	32.00	1.67	-278.40	-49,460.00	0.78	1	-55.68
25	30 40	76	68,110.00	41	53.66	2.02	1,661.22	-20,365.00	2.34	1	334.45	75	30 15	26	-24,025.00	102	32.35	1.70	-235.54	-48,795.00	0.81	1	-49.24
26	25 40	75	60,985.00	44	52.27	1.92	1,386.02	-20,365.00	2.10	1	299.46	76	25 15	25	-34,120.00	111	31.53	1.64	-307.39	-49,790.00	0.76	1	-68.53
27	20 40	74	64,360.00	45	53.33	1.89	1,430.22	-19,720.00	2.16	1	326.37	77	20 15	24	-31,280.00	118	31.36	1.71	-265.08	-42,895.00	0.78	1	-72.92
28	15 40	73	66,515.00	46	54.35	1.92	1,445.98	-19,495.00	2.29	1	341.19	78	15 15	23	-21,980.00	122	34.43	1.59	-180.00	-38,575.00	0.83	1	-50.93
29	10 40	72	75,930.00	49	55.10	2.03	1,549.59	-19,495.00	2.49	1	389.48	79	10 15	22	-5,750.00	132	33.33	1.91	-43.56	-38,455.00	0.96	1	-14.95
30	5 40	71	59,760.00	58	43.10	2.68	1,030.34	-18,540.00	2.03	1	322.33	80	5 15	21	2,480.00	154	31.82	2.19	16.10	-30,485.00	1.02	1	8.14
31	50 35	70	38,665.00	46	47.83	1.71	844.89	-25,320.00	1.57	1	153.50	81	50 10	20	-46,680.00	114	31.58	1.42	-409.47	-58,740.00	0.65	1	-79.47
32	45 35	69	42,525.00	47	46.81	1.85	904.79	-25,320.00	1.63	1	167.95	82	45 10	19	-43,155.00	118	32.20	1.44	-365.72	-57,525.00	0.66	1	-75.02
33	40 35	68	50,985.00	47	46.81	2.02	1,084.79	-25,320.00	1.78	1	201.36	83	40 10	18	-34,290.00	119	33.61	1.46	-288.15	-50,845.00	0.74	1	-67.71
34	35 35	67	51,240.00	46	46.94	1.98	1,045.71	-25,320.00	1.75	1	202.37	84	35 10	17	-33,225.00	122	33.61	1.48	-272.34	-50,195.00	0.75	1	-66.24
35	30 35	66	45,485.00	51	45.10	1.93	891.86	-35,960.00	1.59	1	142.85	85	30 10	16	-26,100.00	125	32.80	1.64	-208.80	-44,970.00	0.80	1	-58.04
36	25 35	65	39,260.00	55	43.64	1.92	713.82	-34,550.00	1.48	1	113.63	86	25 10	15	-31,130.00	135	32.59	1.60	-230.59	-44,585.00	0.77	1	-69.82
37	20 35	64	45,050.00	56	44.64	1.94	804.46	-32,720.00	1.57	1	137.68	87	20 10	14	-25,465.00	142	32.39	1.70	-179.33	-37,235.00	0.82	1	-68.39
38	15 35	63	49,260.00	57	45.61	1.99	864.21	-31,580.00	1.67	1	155.98	88	15 10	13	-14,725.00	140	34.90	1.65	-98.83	-32,425.00	0.89	1	-45.41
39	10 35	62	58,085.00	61	49.18	1.83	952.21	-34,675.00	1.77	1	167.51	89	10 10	12	-9,810.00	161	38.02	1.65	-60.93	-39,730.00	0.93	1	-24.69
40	5 35	61	44,700.00	73	38.36	2.50	612.33	-30,115.00	1.55	1	148.43	90	5 10	11	-735.00	190	33.16	2.00	-3.87	-26,790.00	0.99	1	-2.74
41	45 30	60	45,160.00	49	48.98	1.80	921.63	-20,280.00	1.73	1	222.68	91	50 5	10	-45,330.00	160	31.25	1.52	-283.31	-62,840.00	0.69	1	-72.14
42	45 30	59	49,280.00	50	48.00	1.95	985.60	-20,280.00	1.80	1	243.00	92	45 5	9	-42,495.00	166	30.72	1.61	-255.99	-59,140.00	0.71	1	-71.85
43	40 30	58	57,740.00	50	48.00	2.06	1,154.80	-20,280.00	1.89	1	284.71	93	40 5	8	-37,910.00	169	30.77	1.67	-224.32	-58,085.00	0.74	1	-65.27
44	35 30	57	54,880.00	53	47.17	2.10	1,035.47	-20,280.00	1.88	1	270.61	94	35 5	7	-34,890.00	172	30.81	1.71	-202.85	-56,910.00	0.76	1	-63.20
45	30 30	56	50,575.00	55	47.27	1.91	919.55	-30,550.00	1.71	1	185.55	95	30 5	6	-29,600.00	177	32.20	1.68	-167.23	-54,340.00	0.80	1	-54.47
46	25 30	55	39,920.00	62	41.94	2.08	643.87	-29,120.00	1.50	1	137.09	96	25 5	5	-31,040.00	191	34.03	1.54	-162.51	-52,510.00	0.80	1	-59.11
47	20 30	54	48,640.00	63	42.86	2.14	743.49	-27,290.00	1.60	1	171.64	97	20 5	4	-32,530.00	200	33.00	1.73	-112.65	-47,890.00	0.85	1	-47.05
48	15 30	53	52,515.00	64	43.75	2.24	820.55	-26,100.00	1.75	1	200.82	98	15 5	3	-13,730.00	211	35.07	1.68	-65.07	-42,785.00	0.91	1	-32.09
49	10 30	52	62,805.00	68	47.06	2.12	920.66	-28,890.00	1.88	1	216.70	99	10 5	2	-10,090.00	229	34.06	1.81	-44.06	-49,115.00	0.93	1	-20.54
50	5 30	51	49,030.00	80	37.50	2.75	612.88	-24,330.00	1.65	1	201.52	100	5 5	1	-6,095.00	267	35.58	1.74	-19.08	-32,105.00	0.97	1	-15.87

低波動濾網測試

參數獲利分布——雙濾網

測試雙濾網。

測試三　雙濾網：vT與Rank都開啟為1。
結果：100組獲利（藍色），0組虧損（紅色）。

已經全部都獲利了，整個都站在高崗上，像聽著阿妹唱歌一樣美妙。

因此，適當的濾網，可以把策略品質提升，就像一杯香醇的咖啡，需要一張適當的濾紙。

Format Strategy: !X5_PriceChannel　　　　　　　　　　❌

Inputs　Entries　Exits　Calculation

Name	Value
vT	1
Rank	1
LenB	5..50:5
LenS	5..50:5

Dictionary...　　Optimize...　　　　　　　　　　　　　Set Default

OK　　　　Cancel　　　　Help

TradeStation Strategy Optimization Report - @NQ(D) 1440 min [CME] E-Mini NASDAQ-100 Continuous Contract [Jun20]

雙濾網測試

套用市場

投資組合是一頓白吃的午餐。白吃午餐的意思，是說可以輕易地得到投資優勢，提高風險報酬。組合呢？一般指的就是多商品。

多商品組合，並不是隨便把投資商品都納進來就好，在**X5**的**系統交易5大步驟**的第2步：**套用市場**，就是在處理這部分的。

要把商品（市場）放入組合，**X5**做了3個動作：

市場掃描：把市場廣度盡可能的套入到特定交易策略，如前面介紹的海龜策略，只看結果是否獲利（期望值是正的），否則就剔除。

穩健測試：對策略參數做**步進式測試**（Walk-Forward Test），這是一種把歷史資料做更有效能的運用，透過資料分段，與樣本外測試手法，來驗證策略的**穩健性**與**預測性**，也可以看成是一種**壓力測試**。在**TradeStation**軟體中，稱為**WFO**（Walk-Forward Optimizer）。

組合結果：把通過壓力測試的商品，放到組合裡面做整體測試，目的是要決定每個商品配置的風險，類似股票組合的資金配置，後續會有主題談風險配置與控制。每一組配置好風險的組合，經過程式運算，得出組合的風險與報酬，來決定是否符合上線（上場實戰交易）的目標。

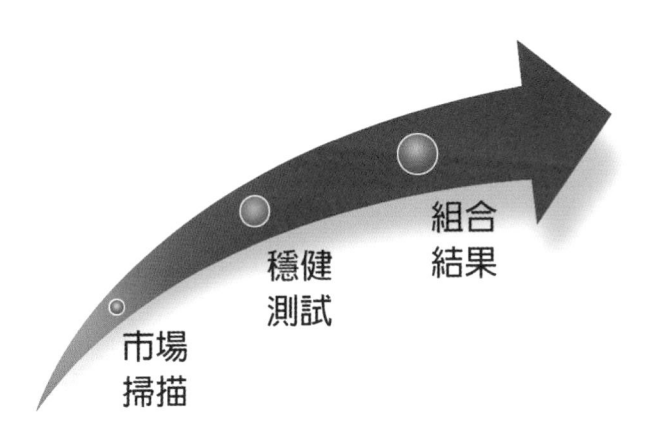

Step2 套用市場

套用市場的3個步驟

市場掃描

　　以海龜策略為例，每一個商品開8張價格圖，各有不同的價格統計區間（一般稱為K線），區間長度從1到8分別代表：15、30、45、60、120、240、480與1440（日）分鐘。如果，熟悉**ADE**或者**TradeStation**的朋友，也可以只建立一張價格圖，把K線時間長度當成參數，套入這8個數值，用最佳化一次測試完成。

　　但參數最佳化的主角，其實是價格通道的計算長度，為了簡化，這裡的範例把多空通道參數合一，做10次最佳化，分別是5到50，每次增加5根K線的長度。

　　這裡，都不設定**交易成本**，也就是**手續費**與**滑價**。

　　得到的結果放入到試算表（Excel），平均每筆交易是賺錢，以黑字表示；虧錢的是紅字。如果，賺錢的數字超過每筆交易成本的設定倍數，就用藍色填滿該格，代表符合做價格通道突破交易；將虧錢的數字絕對值，超過同樣的成本倍數，用綠色填滿，這時，我們也得到了用價格通道做反向逆勢區間交易的商品了。

　　這裡沒設停損，暫時不考慮單筆過大的虧損或獲利回吐，只是要概略找到適合策略屬性的商品而已。

　　可以看到不管**突破順勢策略**還是**逆勢區間策略**，都在週期（K線時間長度）較大的區域，才容易找到獲利的商品。

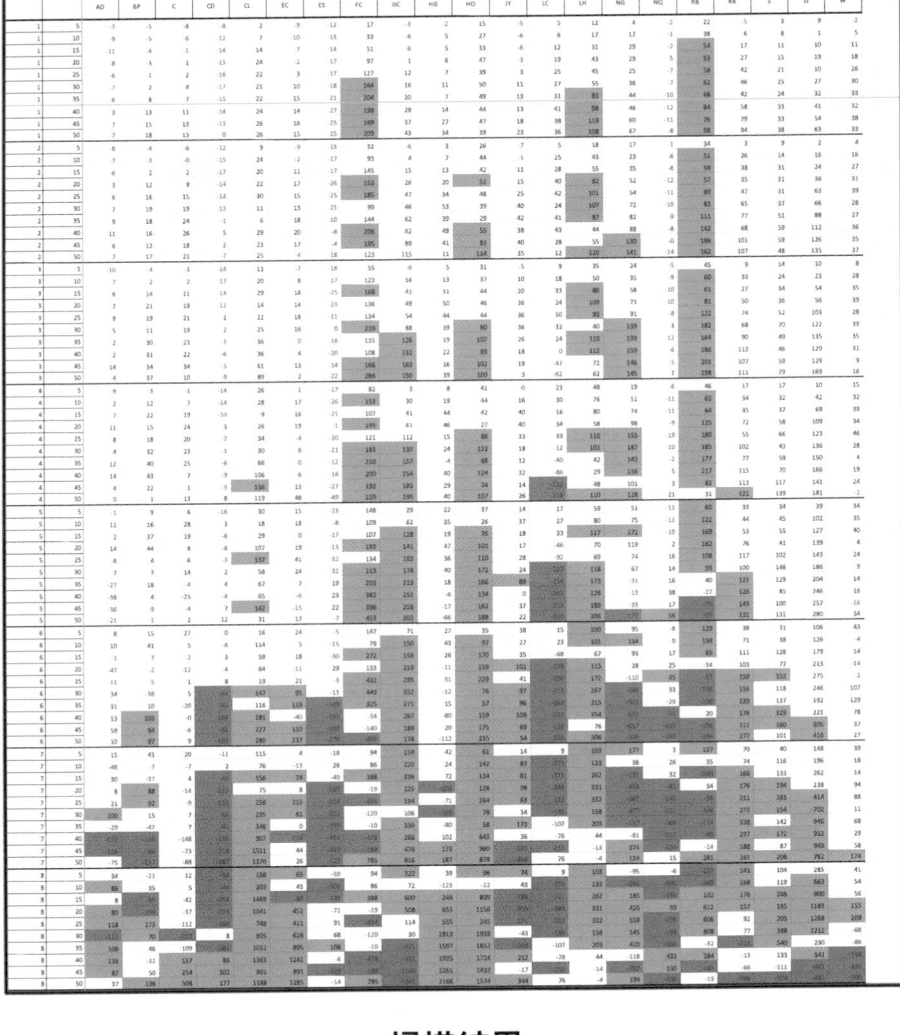

掃描結果

穩健測試

用歷史資料做一次性的回測，很容易找到績效不錯的結果，尤其是使用多個參數做最佳化，因為，是先看到這些參數的表現才選的，而這些表現不見得在未來也類似，有如先射箭再畫上靶，被稱做**曲線匹配**。

改善的作法，可以將歷史資料重新切割與組合，每一組都包含**樣本內**（**IS**：In-Smaple）與**樣本外**（**OOS**：Out Of Sample）的期間，IS彼此會重疊，OOS不會重疊，第一組的IS加上所有的OOS就是全部的歷史資料期間。（右頁上圖）

這樣的資料分組，需要先決定IS與OOS的期間長度（ISP與OSP），也可以轉換成OOS與IS的比例（**OOS%**）與IS與OOS的組數（**Runs**）。

分組後，依序在IS做參數最佳化測試，並將表現最好的參數套用在該組的OS上，直到每組都完成測試結果，再把OS的平均獲利績效與IS做比較，就是所謂的**步進測試效能**（WFE: Walk-forward Efficiency）。

通常，測試通過的標準是WFE要大於0.5，也就是對未來的預測性，要高於50%，換個角度來看，簡單的回測結果，在未來的實際上線績效表現，要打5折。這樣的誤差，其實可以先剔除掉的，只要我們把OS用到的參數做成一個函數表，讓回測時參考，這個可以預知的誤差就不再存在了。

隨著電腦技術發達，原本這個複雜的步進式測試，已經變成很平常的測試方法了，更進一步的是矩陣式（cluster）的步進測試。（右頁下圖）

可以一次執行多種OOS%與Runs的設定測試，比如，Runs每隔5從5到30（5..30:5）有6組，OOS%每隔5從10到30（10..30:5）有5組，整體就有30組結果。

最後，每組都會被標示通過（Pass）與否（Failed），整體平均（Matrix Average）與最佳九宮格（Highest Cluster Average）是否通過，也會標示出來。最佳九宮格以底色標示出來，若通過，建議使用該九宮格的中心點那組。

	Week 1	Week 2	Week 3	Week 4	Week 5	Week 6	Week 7	Week 8	Week 9	Week 10	Week 11	Week 12
	In Sample 1-4				Out of Sample #1							
		In Sample 2-5				Out of Sample #2						
			In Sample 3-6				Out of Sample #3					
				In Sample 4-7				Out of Sample #4				
					In Sample 5-8				Out of Sample #5			
						In Sample 6-9				Out of Sample #6		
							In Sample 7-10				Out of Sample #7	
								In Sample 8-11				Out of Sample #8
	樣本外的交易結果～～～ 來自決定參數時沒看到的價格資料				Out of Sample #1	Out of Sample #2	Out of Sample #3	Out of Sample #4	Out of Sample #5	Out of Sample #6	Out of Sample #7	Out of Sample #8

TradeStation Walk-Forward Optimizer

File Edit Walk-Forward Analysis Setup Help

7 Rolling%Based_@ES_15min_2020-1-4-1-2_Fitness1_OOS15%_10runs.bin

Cluster Analysis Optimization Summary (In-Sample) Walk-Forward Summary (Out-Of-Sample) Test Results Graphs P/L History Performance Summary Sensitivity Analysis Distribution Analysis Monte Carlo Input Ranges

Highest Cluster Average: PASS   Centre: OOS% = 15 Runs = 10   Symbol @ES_15min   Matrix Average   PASS
Optimal Re-optimization Interval: 447 days   Display: Walk-forward Overall result   Strategy 2020-1-4-1-2   Tests per WFA: 25
28682 bars   Type Rolling WFA with % based Out-Of-Sample   ☐ 3D view

OOS% \ Runs	5	10	15	20	25	30
10	PASS	PASS	PASS	PASS	PASS	PASS
15	PASS	PASS	PASS	PASS	PASS	PASS
20	PASS	PASS	PASS	PASS	PASS	FAILED
25	PASS	PASS	PASS	PASS	PASS	PASS
30	PASS	PASS	FAILED	FAILED	FAILED	FAILED

Re-optimization schedule: (In-Sample=2629 days, Out-Of-Sample=447 days)

	Current	OOS+1	OOS+2	OOS+3	OOS+4	OOS+5	OOS+6	OOS+7	OOS+8	OOS+9
Date	2019/11/25	2021/02/14	2022/05/07	2023/07/28	2024/10/17	2026/01/07	2027/03/30	2028/06/19	2029/09/09	2030/11/30

Walk-Forward Analysis completed.....   Time: 0:0:8

步進式測試

組合結果

先從**資本資產理論價格線**談起（右頁上圖），這是**沒有風險的報酬**（A），比如定存或公債與**特定系統風險的組合配置**（B），相連結的一條線。B點就是我們打算承擔這個組合的**系統風險**，預計的報酬率。往左向A點移動，代表風險的承擔逐漸保守；往C點移動，代表打算冒更大的風險，去擷取更大的報酬，使用更大的財務槓桿。

這裡要探討的是如何取得B點的技術，也就是決定效率前緣這條線。

作法是把目前通過的商品，配置不同的風險或資金，得到每組的**系統風險**（MDD：Max DrawDown）與**報酬率**（CAGR：Compound Annual Growth Rate），只選外凸的組別，也就是盡量選左上方的組合。

以目前電腦的技術，要測試出不同組合配置的結果，已經不是難事了，**X5**在TradeStation，寫了一個指標（右頁下圖），運用該軟體提供的物件導向語言（OOEL）中的表單物件，把個別市場的風險值（RiskR）套入策略後的報酬率CAGR（AR）、系統風險（MDD）與兩者的比值，也就是風險報酬（MAR）計算在表列的商品右側，重要的是整體組合的結果，也被計算在商品列的下方。

如果要一次跑多種風險值配置，可以選擇基因演算法（GA），讓電腦幫忙把**效率前緣**上的組合列印出來。

最後，就是從效率前緣中，選擇適合自己的風險水準，並符合報酬期望。

只是，這些期望在上線後，還是會有落差的，落差的大小，就在先前提過Spemco的處理能力了；目前，已經介紹過處理其中的「S：策略的穩健性」與「m：市場變化的組合對策」了。

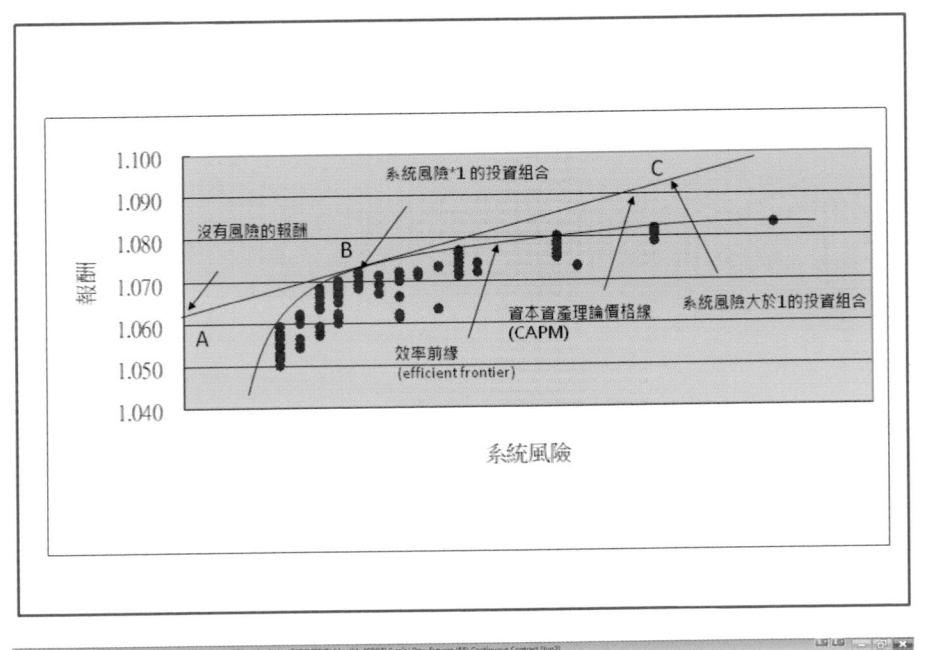

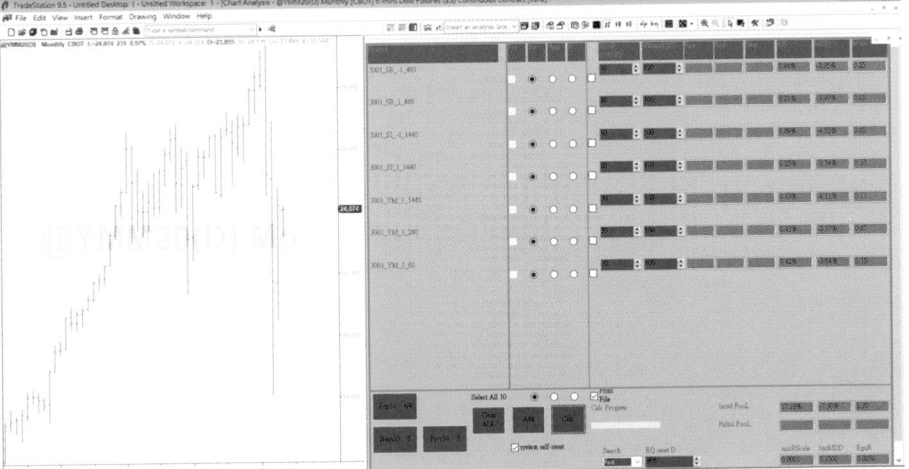

產品組合

評估風險

　　評估風險是用**套用市場**步驟中的**組合結果**，調整並選取適合的風險與報酬組合，然後組合中每一商品市場，包含不同的多空方向（vT）與不同的價格統計時間週期（K線時間長度），所配置的風險值（**RiskR**ate），再輸入到交易策略，執行風險的控制。

　　風險評估有三個動作，在套用市場的組合結果中，已經聊過第二個動作：組合測試指標的運算結果，而第一個動作，是從策略回測中取得測試通過商品的績效檔，做為組合測試的輸入資料，這只有牽涉到電腦的資料處理細節，就不多做介紹，把重點放在第三個動作，風險值輸入到策略來執行。

　　前面提過，股票類的投資，我們要配置的是準備購入股票的資金，在期貨交易，要配置的是**風險資金**，也就是預備好可以承受損失的金額。

　　交易中，實際執行風險資金控管的是交易的數量，期貨的數量單位稱為口數（contracts），因此，接下來，需要把風險金額轉換成口數。

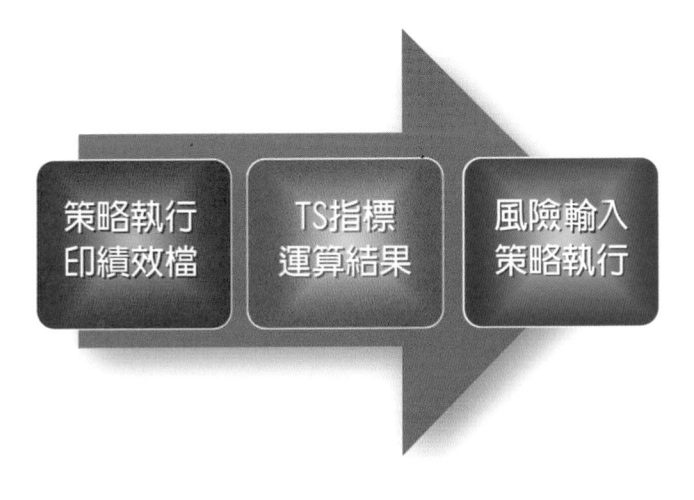

評估風險

口數公式

口數公式（PZ：Position SiZing）

口數＝（風險資金）／（單口風險金額）

把風險資金再展開

口數＝（淨值 × 風險值）／（單口風險金額）

口數與風險值成正比，也就是說控制了口數，代表相對控制了風險值。

那風險值的意義是什麼呢？當下的資金淨值在這筆交易，預計要承受的風險比例值，比如100萬的2％，是2萬。但這是怎樣的風險？再更清楚的定義，就是單口風險金額。為了方便程式撰寫，把公式改成英文：

$$Qty＝（EQ × riskR）／（riskAmount）$$

接下來，把riskAmount做不同定義的取代，並以2萬的風險資金當作範例：

1. 單筆交易最大虧損（stoploss）當風險：

$$Qty＝（EQ × riskR）／（StopLossAmount）$$

假如單口停損金額是5000元，應下單口數就是20000/5000＝4。

2. 單筆交易，用平均單日價格區間（ATR）來評估一天的暴露風險：

$$Qty＝（EQ × riskR）／（ATRAmount）$$

假如平均每日波動ATR點數是10點，每點價值500元，風險金額也會是5000元，口數就同樣是4口。

3. 單筆交易，目前市價與預估出場價的價差（open risk），來評估風險：

$$Qty＝（EQ × riskR）／（OpenRiskAmount）$$

假如最接近市價的預計停止出場單，差了10點，也就是再賠10點就
會出場，若以此來估算風險，金額也是5000元，口數計算也是4口。

這些不同的評估風險，都換算成一口的金額，跟公式中分子的風險
金額相除，就得到相對應該進場的口數了。

口數 = (淨值 * 風險值) / 單口風險金額

Qty = (EQ * riskR) / riskAmount

Qty = (EQ * riskR) / StopLoss{金額}

Qty = (EQ * riskR) / ATR{金額}

Qty = (EQ * riskR) / OpenRisk{金額}

口數公式

進階口數公式

口數公式中還有一個淨值參數，可以定義與變化處理。

為了再投資的複利效益，通常會定義為起始淨值（iniEQ）加上累計淨損益（NetProfit）：

$$Qty＝（iniEQ ＋ NetProfit）× riskR ／ riskAmount$$

假如起始淨值是100萬，目前的淨獲利是100萬，合起來的淨值就變成2倍，上則口數公式提到的範例，口數計算的結果，也都會變成2倍了。

保守交易時，可以不計入獲利，除了獲利不再投資（贏錢不加碼），虧損的金額還要扣除（輸錢減碼）：

$$Qty＝（iniEQ - Loss）× riskR ／ riskAmount$$

比如，起始淨值100萬，目前賠了25萬，淨值就會以75萬來計算，口數就會只有100萬時的3/4，口數公式範例的4口，就會變成3口。若繼續賺錢超過了100萬，因為不計算獲利的部分，口數是仍然以100萬計算的4口。

賺到的錢（market money）不僅要再投資，而且承受的風險還要更大（k倍，k＞1）

$$Qty＝（iniEQ ＋ mkt\$ × k）× riskR ／ riskAmount$$

假如起始淨值是100萬，目前的淨獲利是100萬，因為後者要再乘以k，當k等於2，約當總淨值就變成起始淨值的3倍，口數也會變成3倍。

關於最後一個公式，從市場賺到的錢承擔更多的風險，是不是好的方法呢？有位金融怪傑主張反過來，將賺到的錢，只投入一半來再投資（k＝0.5）。

到底怎樣做才是對的呢？建模型，測試吧！

口數 = (淨值 *) / 單口風險金額

Qty = (iniEQ+Profit) * riskR / riskAmount

Qty = (iniEQ-Loss) * riskR / riskAmount

Qty = (EQ + mkt$ * k) * riskR / riskAmount

進階口數公式

獲利再投資比例測試

X5用**靜態統計**，計算了不同**勝率**、但**賠率**相同的賭局（右頁上圖），在50次的下注期間，獲利**全部再投資**（k＝1）與只投入**一半再投資**（k＝0.5）的比較。

可以看到**勝率**30％時，只投入**一半再投資**（藍色上升直線）明顯較優。

但是，**勝率**高於45％時，明顯地，**全部再投資**（粉紅色上升曲線）比較好。

下圖是調整賠率，讓不同**勝率**的期望相近（賠率乘上勝率相等），也有同樣的結果，拉長了下注的次數到120次，各自的優勢就更清楚。

所以，結論是勝率越高、**期望值**越大，再投資比例高一點比較好，反過來，就變成**再投資**比例小的，在前面一定的期間內比較好，盡量以**線性**的方式來成長，會比低成長的**曲線**好。

勝率與次數績效比較表(W/L固定)

p	W/L	a	E(y)	Name	5	10	15	20	25	30	35	40	45	50
30%	5.00	0%	E(y)	E(y)p0.3	7%	14%	22%	31%	40%	50%	60%	71%	83%	96%
		50	E'(y)	E'(y)p0.3	16%	32%	49%	65%	81%	97%	113%	129%	146%	162%
35%	5.00	0%	E(y)	E(y)p0.35	12%	25%	39%	56%	74%	94%	117%	142%	171%	202%
		50	E'(y)	E'(y)p0.35	20%	40%	60%	80%	100%	120%	141%	161%	181%	202%
40%	5.00	0%	E(y)	E(y)p0.4	17%	37%	60%	87%	119%	156%	199%	250%	309%	379%
		50	E'(y)	E'(y)p0.4	23%	46%	69%	92%	116%	140%	164%	189%	213%	239%
45%	5.00	0%	E(y)	E(y)p0.45	27%	62%	106%	161%	232%	323%	437%	583%	769%	1005%
		50	E'(y)	E'(y)p0.45	30%	61%	92%	125%	158%	193%	228%	265%	303%	343%
50%	5.00	0%	E(y)	E(y)p0.5	39%	92%	166%	269%	411%	608%	881%	1259%	1783%	2510%
		50	E'(y)	E'(y)p0.5	36%	74%	114%	156%	201%	249%	300%	355%	414%	479%

註: E'(y) 表示獲利保留50%不繼續投入交易

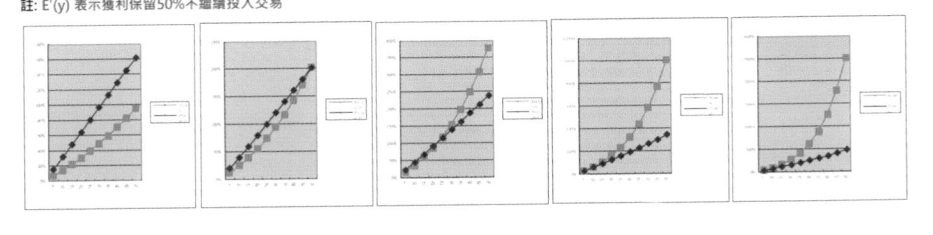

勝率與次數績效比較表(W/L*p固定)

p	W/L*p	a	E(y)	Name	5	10	15	20	25	30	35	40	~~~	120
30%	1.5	0%	E(y)	E(y)p0.3	7%	14%	22%	31%	40%	50%	60%	71%		400%
		50%	E'(y)	E'(y)p0.3	16%	32%	49%	65%	81%	97%	113%	129%		388%
35%	1.5	0%	E(y)	E(y)p0.35	9%	19%	29%	41%	53%	67%	82%	98%		681%
		50%	E'(y)	E'(y)p0.35	16%	32%	48%	64%	80%	96%	113%	129%		387%
40%	1.5	0%	E(y)	E(y)p0.4	11%	22%	36%	50%	66%	84%	103%	125%		1038%
		50%	E'(y)	E'(y)p0.4	15%	31%	46%	61%	76%	92%	107%	123%		373%
45%	1.5	0%	E(y)	E(y)p0.45	15%	31%	50%	72%	98%	126%	159%	197%		2524%
		50%	E'(y)	E'(y)p0.45	17%	34%	51%	69%	86%	104%	121%	139%		435%
50%	1.5	0%	E(y)	E(y)p0.5	18%	40%	65%	95%	130%	172%	222%	280%		5384%
		50%	E'(y)	E'(y)p0.5	18%	36%	54%	72%	91%	110%	128%	148%		492%

註: E'(y) 表示獲利保留50%不繼續投入交易

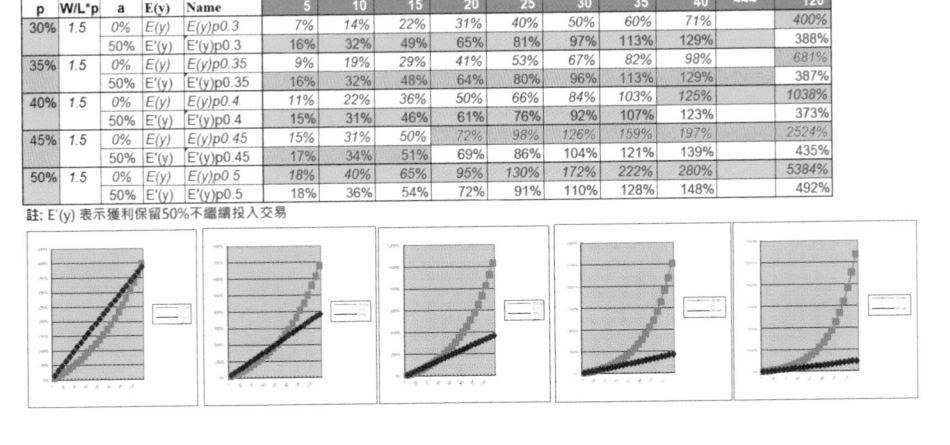

Market Money再投資比例測試

執行交易

前3步驟是把**交易系統**的**組合**建立起來，接下來，就是**執行系統交易**。

要做到多市場多策略交易，必須借助程式自動交易下單，尤其，美國期貨交易時間通常是24小時（其中約有1小時的休息停盤）。

自動化之前需要**標準化**，**標準化**之前必須**合理化**。

透過**系統方法**建立**交易組合**，就是在處理**合理化**，那現在就是缺**標準化**。

一般人會以為程式下單，不就開啟電腦與程式就好了嗎？

事實上，**交易執行**的繁瑣度，比**建立組合**程序高很多。

首先，要列出必要的執行與維護事項，**制定標準流程**（SOP），為防止電腦硬體或軟體與周邊設施如網路或電力出錯，制定檢查項目與時機，**定時檢查**，一旦檢查到異常，要有**異常處理**程序，針對立即與後續影響，做**分析與對策**制定，列入追蹤管理，一旦確認有效，就歸檔納入**標準流程**。

這些屬於實務的範圍，不同的系統，會有不同的作法，這裡的流程只能簡單描述，當做參考。

若想進一步，學習細節，唯有實作，**X5**學堂的3階＋，提供了系統實務開發的2日講座，以及半年的模擬交易，可以實作這個**執行交易**的流程。

Step4 執行交易

制定
SOP

定時檢查

異常處理

分析對策

管理追蹤

執行交易

管理績效

俗語說：「差之毫釐，失之千里」。用數學的**三角函數**來說，就是未來到達點與目標的差距，是現在忽略的誤差角度，經過底的長度之後的對邊，也就是底乘以正切函數（tag θ）。

避免到時候迷路千里，平常要做的，就是**績效管理**。

這裡提出3項作法：

交易管理：包含前一步驟的定時檢查，除了發現問題，即時處理，也包含及時發現潛在問題，預先處置。同時，也記錄與統計實際交易價位與預計價位的差異，也就是所謂的**滑價**，觀察與上線前的設定標準的差距，分析原因與對策，做為改善與系統建立標準的依據。

加減碼：這分為兩個層級，一個是策略回測層面，針對歷史經驗，決定**分散進場**（Scaling In）與**分批出場**（Scaling Out）的模型；另一個，是實際上線後，遭逢市場行情後的獲利或盈虧，來**動態調整**進場的**口數規模**。這也是**風險管理**的概念，當遇到不錯的行情，而有一定的獲利，代表我們的風險高估，可以把沒發生的風險再投入，因此就是加碼；反之，既然已經遭逢了超乎預期的風險，那麼後續就該減碼降低風險擴大。這部分都可以經過模型測試後，制定標準讓程式自動化處理的。

持續改善：不論實際績效如何，總是有改善的工作要持續進行的，透過每個月自我省視，或者團隊之間的會議，找到這些工作與實施檢討，才能夠不斷的前進。交易組合也是，每經過一段時期，要檢視組合內容，讓更好的加入與留下，創造更好的績效。這麼多的工作要做，創造團隊是不錯的方式，把自己的交易經驗，透過**標準化文件**（SOP），不僅執行有效能，也可用來訓練團隊。**X5**預計用3年分6梯次來培訓團隊，一方面是社會責任，一方面是自我茁壯。

管理績效

第二部

依樣畫葫蘆・像不像在己

系統交易實作

X5三部之二
降龍十八掌

實作——從海龜出發

策略邏輯與程式碼，已經在前面介紹過了，但接下來的，會以X5學堂3階＋的實作工作坊（WorkShop）課程，提供的策略程式來實作。所有商品都會套用包含低波動率的兩個行情濾網，指數類的商品會另外套用方向濾網，也就是只做多單。

我們打算先以步驟2套用市場來實作說明，條件如下：

測試期間（20年）：2000／1／1～2019／1／1
商品：美國期貨7大類別共32個商品

然後，再以四大策略的組合，來看同樣流程下的結果。並且，會把這樣的結果，延續到2020／1／1，來驗證樣本外的表現。

當然，也會看看2020年至今的實績表現。

海龜的多商品

實作──市場掃描

　　32個商品,依照**市場掃描**的結果,統計在試算表上(如右頁圖),有底色的就是**掃描通過**,適合做**突破策略**。

　　再經過**穩健性測試**後,底色變黑的,就被剃除了,只留下有標記文字的部分,這些文字代表**濾網**套用的等級,也就是**低波動低效能**的行情。

　　有些商品通過率相當高,比如小那斯達克(NQ)有7個週期通過,小道瓊(YM)有6個週期通過,能源的RB與重金屬PL與輕作物的OJ都有4個週期通過。

　　如果資金規模越大,可以放入組合的數量就可以越多,因為風險**分散性**很重要;資金要是不夠大,比較在意的是效能,也就是績效,組合的選擇就要精要。

　　不論如何,還是要看組合結果,來做最後選定。

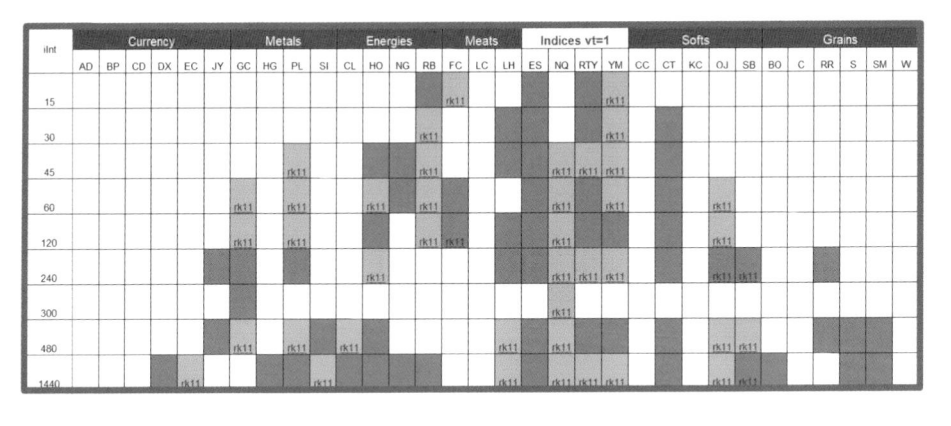

實作——市場掃描

實作──FC的穩健測試

首先，對策略通道參數做**最佳化測試**，設定Walk-Forward型態，在Walk-Forward Test Name給定產出要給WFO的檔案名稱。（右頁上圖）

最佳化測試完成後，開啟WFO 應用程式（AP），可以從主選單的檔案（File），找到剛才命名的檔案，前面會再加上商品名稱與時間週期：

@FC_15min_3001-a1-1，

接著，在主選單的Walk-Forward Analysis執行Start Cluster Analysis（multiple WFA's），結果就會是一個不同設定條件下的通過與否的矩陣。（右頁下圖）

在這個範例中，矩陣有30個結果；17個通過，只有13個失敗，整體平均算是通過的，標示在結果的右上方（Matrix Average Pass）。

有底色的九宮格，只有一個紅色是失敗的，其餘的都通過，是矩陣中表現最好的一組（Cluster），平均值當然也是通過的，標示在左上方（Higest Cluster Average: Pass）。

依照預設的建議，應該要採用九宮格的中心那組，因為，當未來實際情形有所差異，而在差異不大的假設下，可能會飄移到周圍的8個格位中，這樣還有8分之7的機率會是通過的，穩健性是我們可以接受的（通過）。

不過，**X5**習慣用OOS％15－10Runs，這組周圍也只有一組失敗，因此，就不按照預設建議的OOS％15－15Runs。

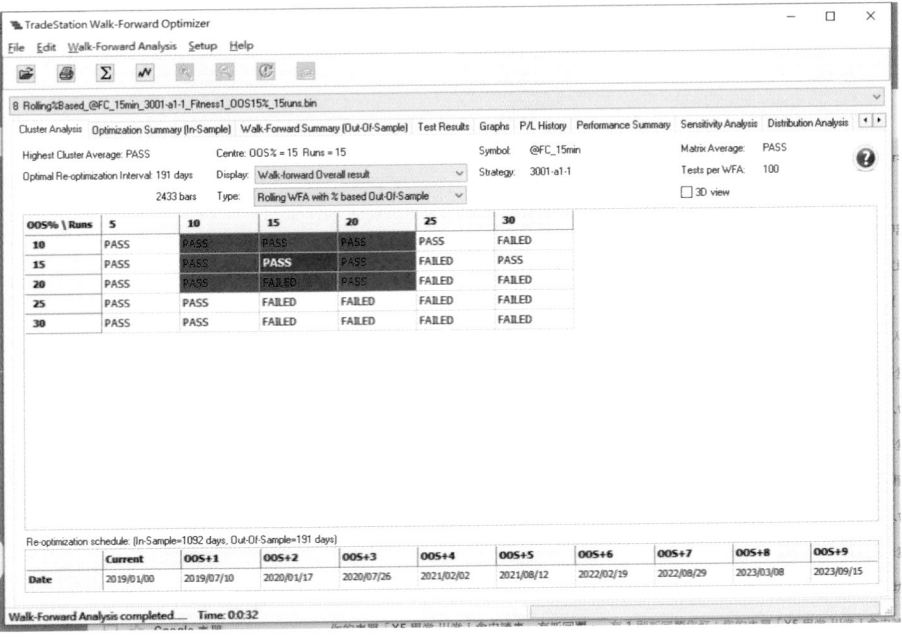

*畫面取自TradeStation Technologies, Inc. All rights reserved.

*畫面取自TradeStation Technologies, Inc. All rights reserved.

實作——FC的穩健性測試

實作——降低回測預測性的落差

第一部中曾提到WFO不僅只是做**穩健測試**，還能透過**樣本外**參數的函數套用，降低回測對未來預測性的落差（Spemco的S：**策略穩健性**）。

從Walk-Forward Summary（Out-Of-Sample）的頁籤（右頁上圖），可以看到每一個樣本內最佳化的參數，以及套用的**樣本外期間**（OSP），再把它們轉成程式函數（右頁下圖），給策略回測時套用。

接續前面的範例，WFO跑出來的樣本外的**WFE**（Walk-Forward Efficiency）是88.84%，也就是**樣本內**最佳化參數，在**樣本外**的表現只有樣本內的88.84%，可當成回測結果對未來績效的預測能力。

因為每個商品的預測性（WFE）都不一樣，也就無法直接將個別的數值，試算出整體組合的預測性。所以，讓策略直接套用樣本外參數來回測，所產生的報表績效，就可以把組合回測時的**樣本內最佳化誤差**剃除了。

最佳化參數轉成函數的格式，可以參考右頁的下圖。

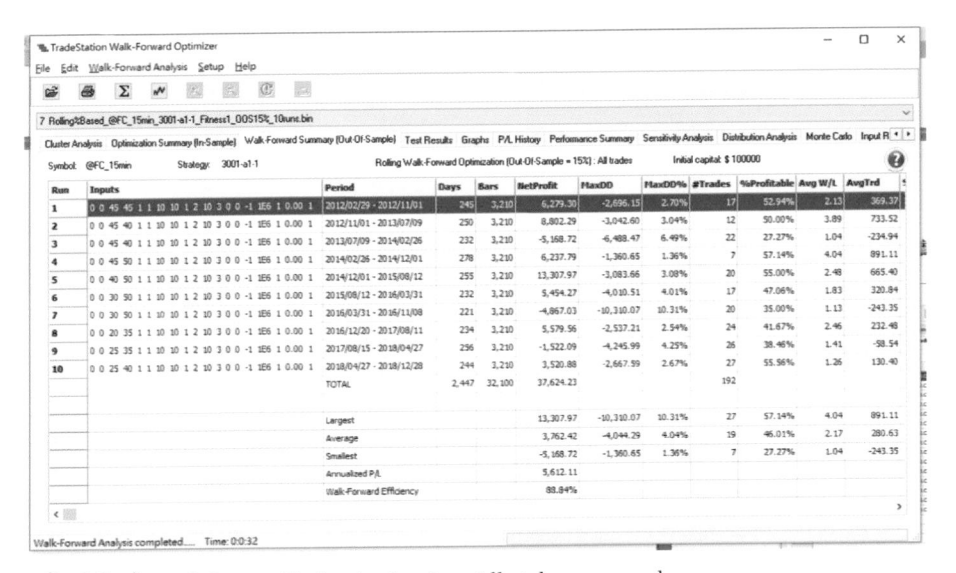

```
Case "FC-15":                    //OOS15%-10runs
    Switch d begin
    case > 1181228 : LenB=45;  LenS=35;
    //case > 1181228 : LenB=45;  LenS=25;
    case > 1180427 : LenB=45;  LenS=25;
    case > 1170814 : LenB=45;  LenS=25;
    case > 1161220 : LenB=20;  LenS=20;
    case > 1160408 : LenB=45;  LenS=25;
    case > 1150814 : LenB=45;  LenS=30;
    case > 1141201 : LenB=45;  LenS=35;
    case > 1140226 : LenB=45;  LenS=35;
    case > 1130709 : LenB=45;  LenS=35;
    case > 1121101 : LenB=50;  LenS=35;
    case > 1120229 : LenB=50;  LenS=35;
    Default:
    LenB = 20;  LenS = 20;
```

實作——降低回測預測性的落差

實作──FC樣本內外回測的比較

我們在策略中宣告一個參數iWFO，當設定為1就會呼叫剛才建立的樣本外參數，設為0就不會呼叫，直接套用樣本內最佳化參數。

為了方便比較，直接對iWFO做最佳化測試。

從最佳化報表的**淨獲利**（Net Profit）來看，**樣本外**（iWFO=1）績效的確打了約88折（31,809.63／36,205.73）。**每筆平均獲利**（Avg Trade）與**獲利因子**（Profit Factor）也都變差。（右頁上圖）

不過，意外驚喜的，**帳戶報酬率**（Return on Account）反倒是變高了，因為**最大風險**（Max IntraDay Drawdown）下降得比**淨獲利**更多。在組合交易中，我們是以風險來轉換成交易口數規模的，因此**風險報酬**績效會比單純的**淨獲利**重要，所以，這真的是意外驚喜。

再分別看回測後的淨值圖表現，有很多時期的表現迥異，因此，不要過度依賴簡單的**樣本內**回測。（右頁上圖）

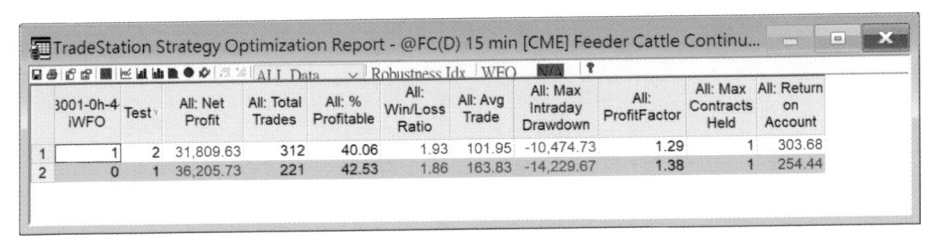

3001-0h-4 iWFO	Test	All: Net Profit	All: Total Trades	All: % Profitable	All: Win/Loss Ratio	All: Avg Trade	All: Max Intraday Drawdown	All: ProfitFactor	All: Max Contracts Held	All: Return on Account
1	1	2	31,809.63	312	40.06	1.93	101.95	-10,474.73	1.29	1	303.68
2	0	1	36,205.73	221	42.53	1.86	163.83	-14,229.67	1.38	1	254.44

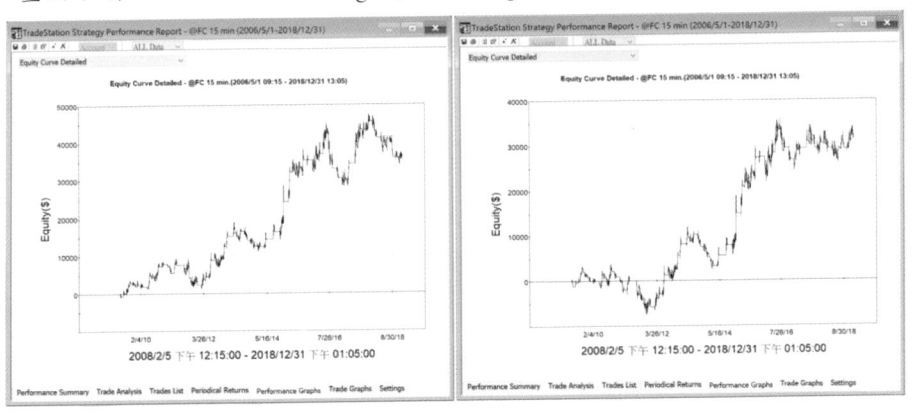

實作——FC樣本內外回測的比較

實作——突破策略組合結果

為了符合**X5**的**系統方法**，在**TradeStation**設計了一個指標，價格圖上畫出一個表單，可以在上面設定個別商品的風險值（RiskR），也可以用**基因演算法**，找出**效率前緣**的風險配置，以及相對的績效結果。

範例採用的是設定固定的風險值，也就是**等價風險**（Risk Parity）。

原版的**海龜系統**，風險值用的是1％，但在經驗上，整體**系統風險**（MDD）會過大，這裡，設定值是0.3％，也就是圖上的萬分之30。

右頁圖中顯示總共有4頁，每頁最多顯示10筆商品，最後一頁有7筆，因此，我們組合套入了37個商品，不同時間週期就算1個，多單與空單也分開算。為了方便後面會提到的盲測，我們不更動2019／1／1以前的模型，把測試的最後日期延伸到2020／1／1，也就是說，多測試了一年的結果。商品的起始資料年分都不一樣，所以，也把起始日期改為2008／1／1，組合測試期間：2008／1／1～2020／1／1。

黃色欄位格內有數字的，分別是**年複利報酬率**（AR）、**最大淨值回撤率**（MDD）與**風險報酬**（MAR）。

整體組合的AR、MDD與MAR，分別是17.13％、-7.30％與2.35。實務上，20年的MAR（AR／MDD）表現，能夠達到1，也就是，用最大的淨值回撤率（MDD），來換取等量的複合年度成長率（CAGR），實屬不易了，代表即便別除了**樣本內預測性誤差**，還是有**X5**定義的Spemco模型誤差的存在。

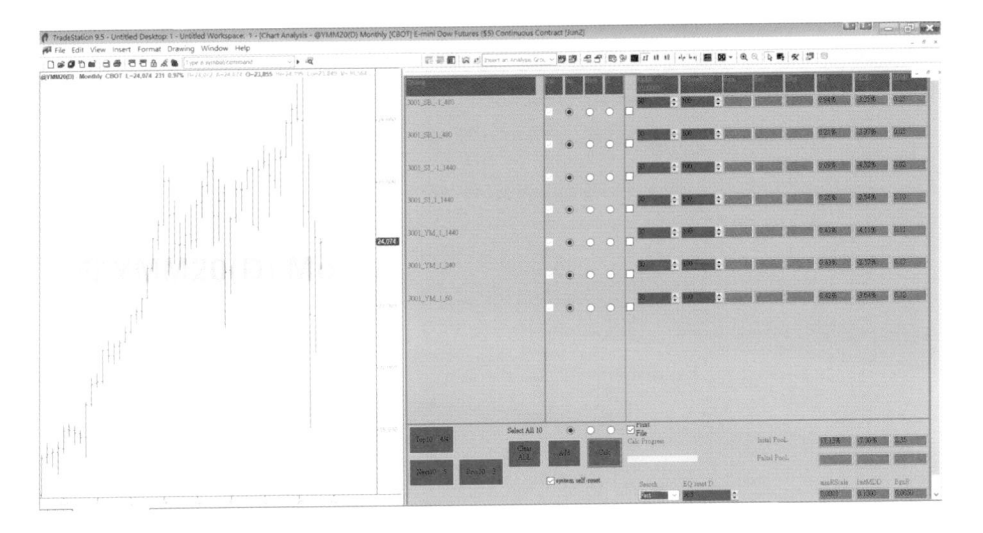

實作──突破策略組合結果

實作──突破策略組合的盲測

為了了解誤差是否來自於嚴重的**曲線匹配**，我們把目前到2019／1／1為止，所設計的模型，套用到2020／1／1，看看結果為何？算是一種**盲測**的驗證。

把組合測試的日淨值資料輸出到試算表，以折線圖畫出淨值變化，2019／1／1到2020／1／1的部分用紅色表示**盲測**部分。（如右頁圖）

在**盲測**的部分，沒有看到會令人失望的明顯**曲線匹配**走樣，可以暫時屏除這個憂慮。

Spemco中的S：**策略穩健性**，算是使上可以用上的力氣了，接下來，要處理另一個重點，m：**市場變化度**。

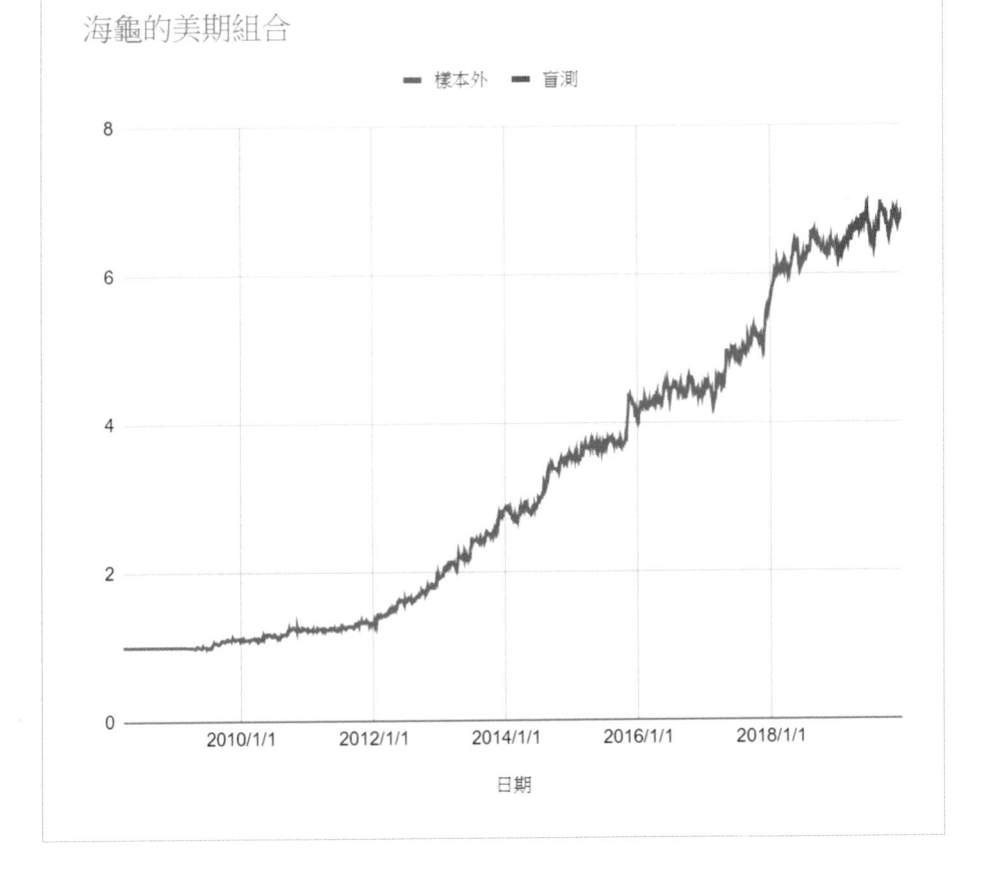

海龜的美期組合

樣本外　盲測

日期

實作──突破策略組合的盲測

實作──突破策略組合的動態調整

即便做了一年的<u>盲測</u>，也無法期待未來實際上線後，市場始終能配合要求，給我們回測時的績效。

務實的作法，是要做最壞的打算，才能有最好的準備。

這個打算，是制定每一個<u>商品系統</u>（每一張商品價格圖套上一個策略），在每年度虧損超過3％時，將<u>風險值</u>（RiskRate）或進場口數減半，再虧3％就停止該商品的交易。相反的，年度獲利達到3％，<u>風險值</u>（RiskRate）增加一半，獲利達到6％，<u>風險值</u>（RiskRate）就加倍。

這樣模擬了實際交易時，遇到盈虧的反應，也就是所謂的<u>績效管理</u>，採用的是<u>贏錢加碼，輸錢減碼</u>的策略，重點是，當某個商品系統在一年中，遭遇持續的虧損時，可以有效的斬斷虧損，也可以說是<u>策略管理</u>的下架措施。

做了機械式動態調整後，組合的AR、MDD與MAR，分別從17.13％、-7.30％與2.35，變成17.54％、-8.73％與2.01（右頁上圖）。淨值圖的曲線長相，也沒有太大變化（右頁下圖）。

雖然，MAR風險報酬下降了一些，年報酬AR卻是增加的，只是最大回撤率MDD增加的更多一點，但仍在10％以內，沒有失控。重點是，我們可以更有信心去面對年度的極端行情，限制個別系統的年度最大虧損，避免產生過大的系統風險（MDD）。

到此為止，我們處理了<u>回測誤差因子</u>Spemco中，最重要的S與m了。

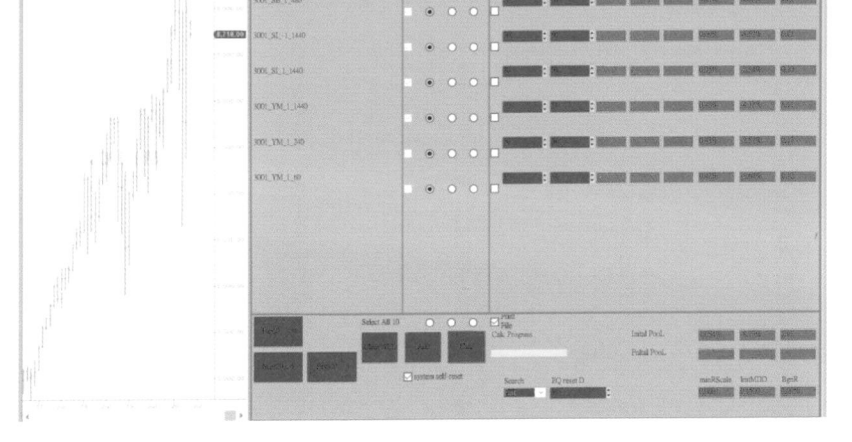

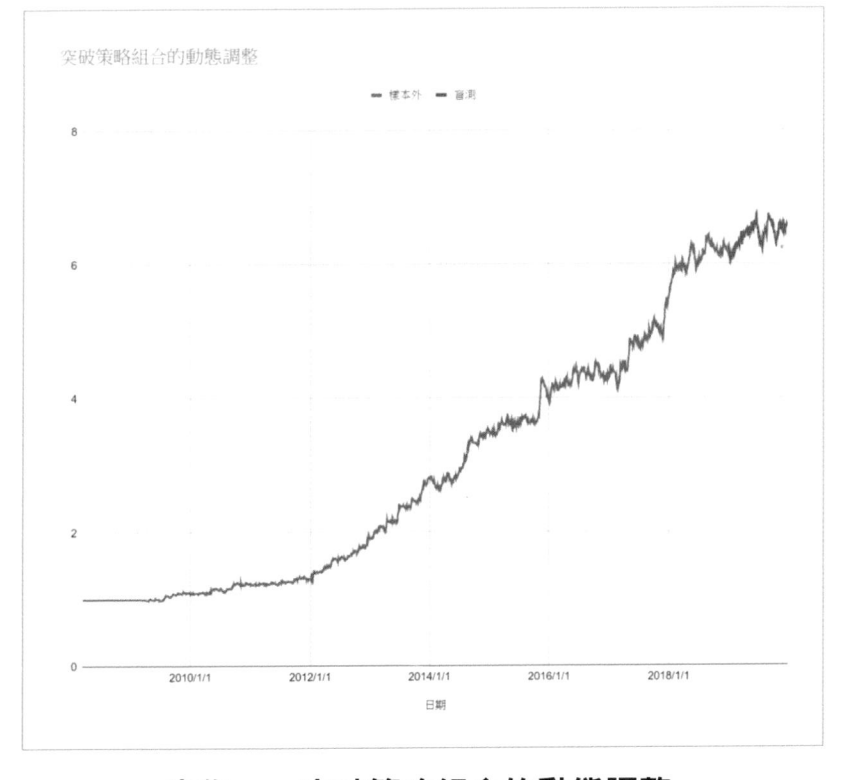

實作──突破策略組合的動態調整

實作——3大策略的組合結果——動態管理

在X5 3階＋的工作坊課程中，另外還有提供3個策略範例，其中2個也有套用商品範例，把這些範例也放進組合測試，除了小S&P 500外，新加入的當沖策略組合，風險值同樣用等價的0.3％，但風險報酬（MAR）只微微增加0.02，來到2.03，只是風險（MDD）與報酬（AR）都幾乎同步放大到1.5倍。參考右頁上圖，其中淨值圖是從試算表貼圖疊上去的，後面類似的圖都是這樣處理的。

這是一種相關性不佳的組合，不過，每個策略都應該單獨先做一次組合測試，就可以發現，當沖策略組合中的個別MDD，幾乎都在2％以下，唯獨NQ超過了一倍，有4.73％之多，幾乎等於組合值4.33％。

把NQ的風險值減半到0.15％，再套入3個策略的組合中，風險報酬（MAR）就提升到2.32，有明顯的改善。淨值圖中的盲測尾聲，也沒有原先（績效）大與（時間）長的衰退期（參考右頁下圖）。

在風險動態調整的模型中，等價風險只是一個公平的起點作法，但若每個參賽者（組合中的策略系統）的能力（MDD）有明顯差異，給予起始的差別待遇是更積極的作法，至於比賽開始後，還有兩次向上或向下的調整的機會，那時真的就得靠自己的表現了。

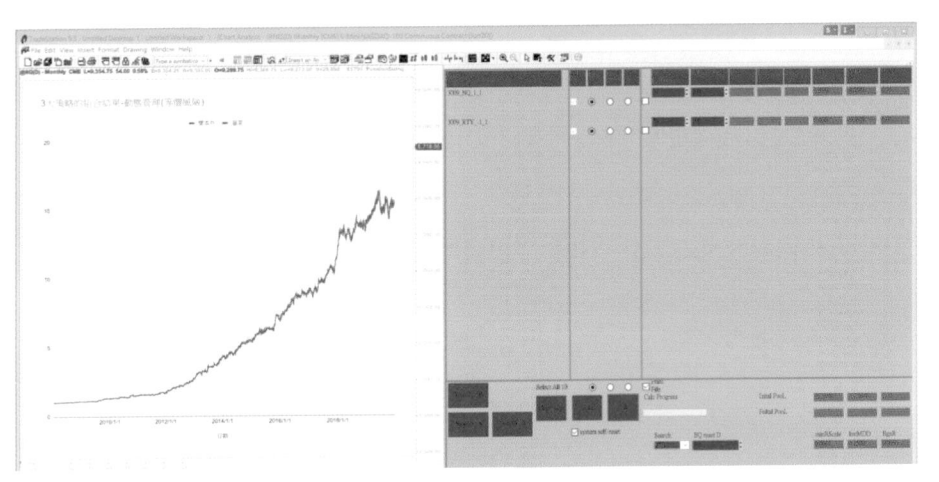

3大策略組合以等價風險的動態管理結果

（左側圖是試算圖表疊入，非原軟體功能）

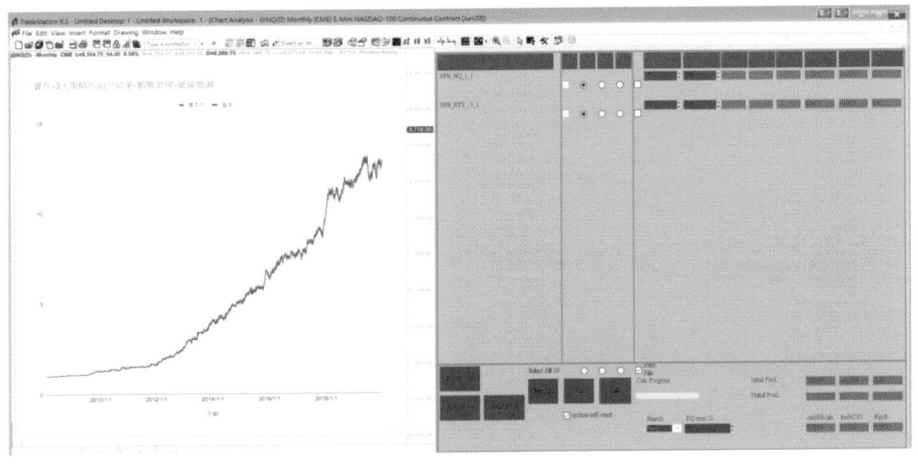

3大策略組合以微調風險的動態管理結果

（左側圖是試算圖表疊入，非原軟體功能）

實作──3大策略的組合結果──動態管理

實作──4階實戰組合

去年底，有4位來自兩梯的3階學員，依照範例架構，重新跑了流程，加入了各自的想法，另外又加入了一日策略再造的研討式講座的策略開發，完成了團隊的實戰組合，經過動態管理後的MAR，高達5.59。

從組合開發測試完成，上線環境設備架設，策略程式檔案建立，上線與交易標準流程制定，花費不到2個月，決定先進行模擬交易。

右頁的圖是組合回測的結果。

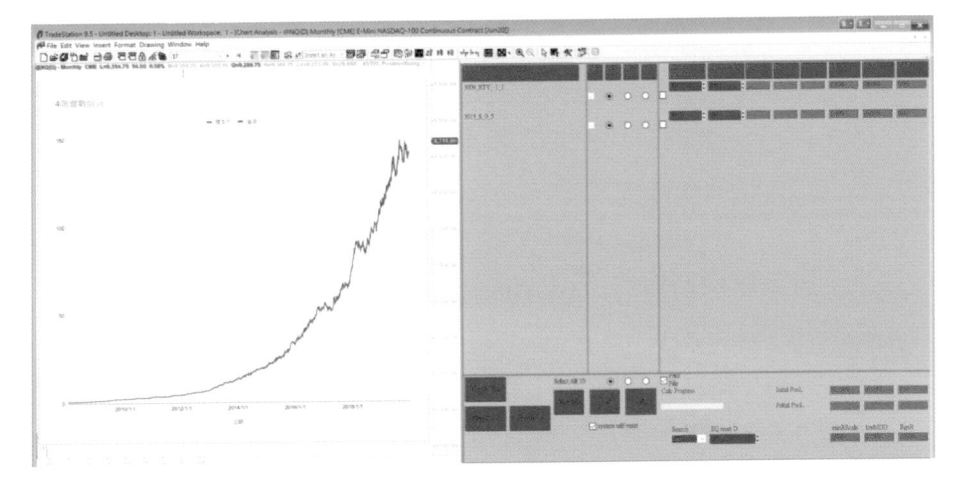

（左側圖是試算圖表疊入，非原軟體功能）

實作——4階實戰組合

實作──實際績效──4階團隊

模擬入金在2020／1／20，模擬交易從1／22開始，2／18正式實單交易，帳目上的起始資金是1百萬美元。

為了讓模擬交易績效可以合併在一起，模擬交易2／18的帳上總資金，修改為當時實單帳戶的一百萬美元，依照模擬交易每日的損益率，同比例回調縮小每日的淨值。

合併模擬交易的績效，從1／20到4／16約一季的時間，累積獲利率約為17％，達成度為系統回測值51％的3成，受幸運之神的眷顧，算是很好的一年（其實是一季）。不過，回測MDD風險有9.21％，目前實單只有3.52％，也證實了壞日子還沒到，多存些糧食，謹慎面對。

4／16到5／20淨值震盪變大，是因為經過一季的獲利，部分系統已經開始加碼，放大風險值，相對進場口數增加，賺賠都跟著變大。 一個月的獲利將近7％，DD也曾來到2.8％，接近前一季的最大值3.52％。

右頁上圖，前半段套用的風險值是減半的，也就是回測MDD 10％的一半5％；後半段才恢復與回測相同的規模。事後來看，在這一季中，風險處理過於保守；MDD有將近3倍的空間可以放大，槓桿若放大3倍，帳戶上的保證金仍是足夠的，因為3個月來，保證金最多只使用了不到10％。下圖是績效與S&P 500指數小合約期貨價格比較，最後一個月指數狹幅整理，超五系統績效仍然創新高。

獲利險中求，這次沒險求更多的獲利，哪知下次冒險會不會就真的實現成虧損，造成投機不成蝕把米。保險點總是沒錯，但如何突破少賺的盲點技術，還是要繼續努力研究。

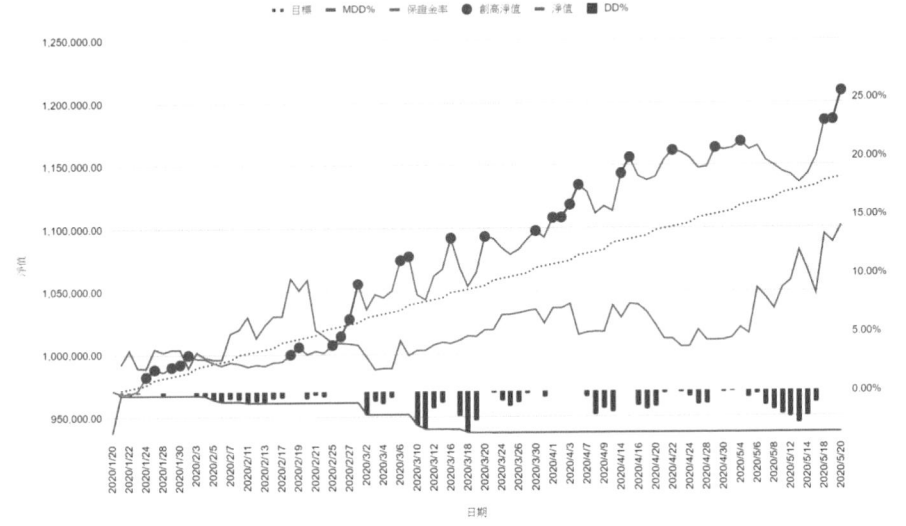

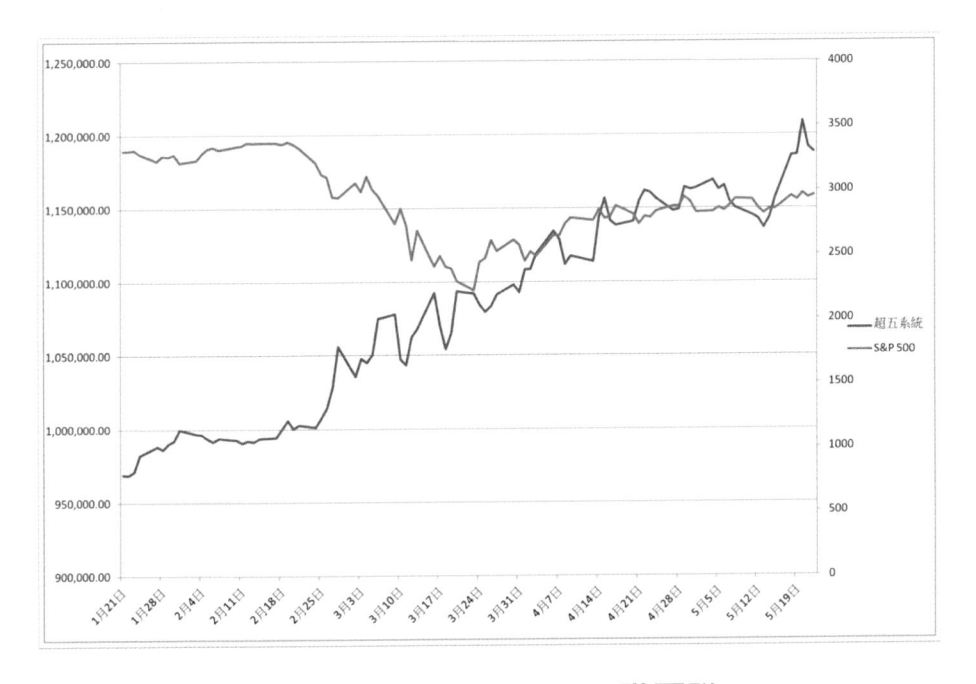

實作──實際績效──4階團隊

實作──部位控管

針對模型建立的實績誤差，**X5**提出的Spemco因子中的p：position sizing（部位控管），在第一部介紹過，用來控制時間風險的**口數公式**：

$$Qty =（EQ \times riskR）／（ATRAmount）$$

再來進一步說明實作的部位控管，因為**X5**主要的**留倉系統**，都採用ATR風險估計。依照商品上線前一年的每日波動ATR，分別計算出ATR相對的金額（也就是ATR點數乘上每點價值），再分別找出最大、75分位大與50分位大的金額，代表每口最多需要的風險資金、75％與50％的情形需要的風險資金。

舉小道瓊YM為例，組合起始資金是1,000,000美元，上線初期風險值減半是0.15％，相乘得到風險資金是1,500美元，只有一半的機會夠做到一口所需的1,212美元，若使用四捨五入，勉強可提高到75分位大的1,808美元，有75％的機會可以做到一口，但仍有將近25％的機會，會面臨口數不足而無法下單。

這就是Spemco中的p（position sizing）**部位效能**，會造成實績與回測的差異原因之一。在今年實單的短暫經驗中，市場面臨了新冠肺炎疫情的衝擊，波動比去年大了很多，因此，也出現了3次口數不足而沒有下單的情形。第一次，口數只有0.29，而我們剛好符合將風險值減半的實單測試結束的條件，直接將風險值放大，經過四捨五入，剛好足夠一口。第2次與第3次，我們用人為的方式，強迫無條件進位一口，因為累積的績效，讓我們願意去承擔超過半口的風險，來換取可能被遺棄那一口的半口獲利機會。

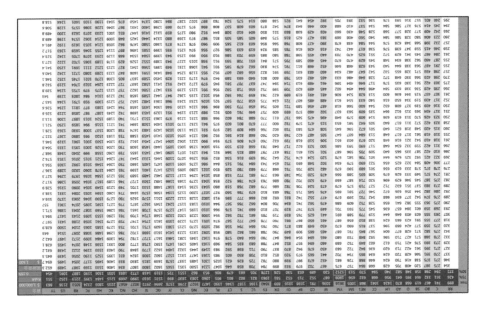

實作──成本控制

交易最大的成本來自**滑價**,也就是Spemco因子中的c(Cost)。

交易的頻率越高,交易部位持有時間越短、成本的重要性越高;因為每筆的平均獲利不高,交易成本就成了交易低毛利的元凶了。因為低毛利,一般人就會卯起來,將幹勁放在努力增加交易筆數。如果是在同樣的商品市場、同樣的能力(交易策略)下,通常就變成過度交易,平均單筆的獲利會下降,滑價也可能增加,毛利其實會更低,甚至豬羊變色,轉成虧損。

在單市場上的對策,最好的方式是增加策略組合,創造出來的交易筆數,才容易創造出毛利與實質淨利的提升。如果只針對同樣的策略做改善,得到的邊際效益會比預期低很多。若是交易多市場,增加出來的交易筆數,就能創造更大的利潤。

不管上線前測試的結果多好,如果預估**滑價**占獲利的比例高,上線後,**滑價**一產生誤差,期望獲利也會落空的。所以,觀察上線後的**滑價**變化,分析與對策,就可以有效控管成本。一般人都以為,**滑價**只會對交易者不利,但實務上,也會有實際交易價格比預期的好,形成對交易者有利的**負滑價**,如右頁圖朝下的藍色柱狀圖,就是反倒比進場點還好的**負滑價**。很多人喜歡追求策略運算與下單速度,深怕慢了**滑價**就會大,影響了獲利,但往往慢就是快,拉長交易持倉的週期,對速度的要求就不會那麼辛苦了。

當**平均滑價**(綠色線)持續保持在標準值(黑色虛線)以下,就可以確定交易的執行沒有問題;如果持續超出標準值外,那就要努力對策來改善,若短期解決不了的,只好把標準值拉高,降低獲利目標了。

所以,接下來,要來談決定**滑價能力**的**交易執行**的**標準流程**(SOP)。

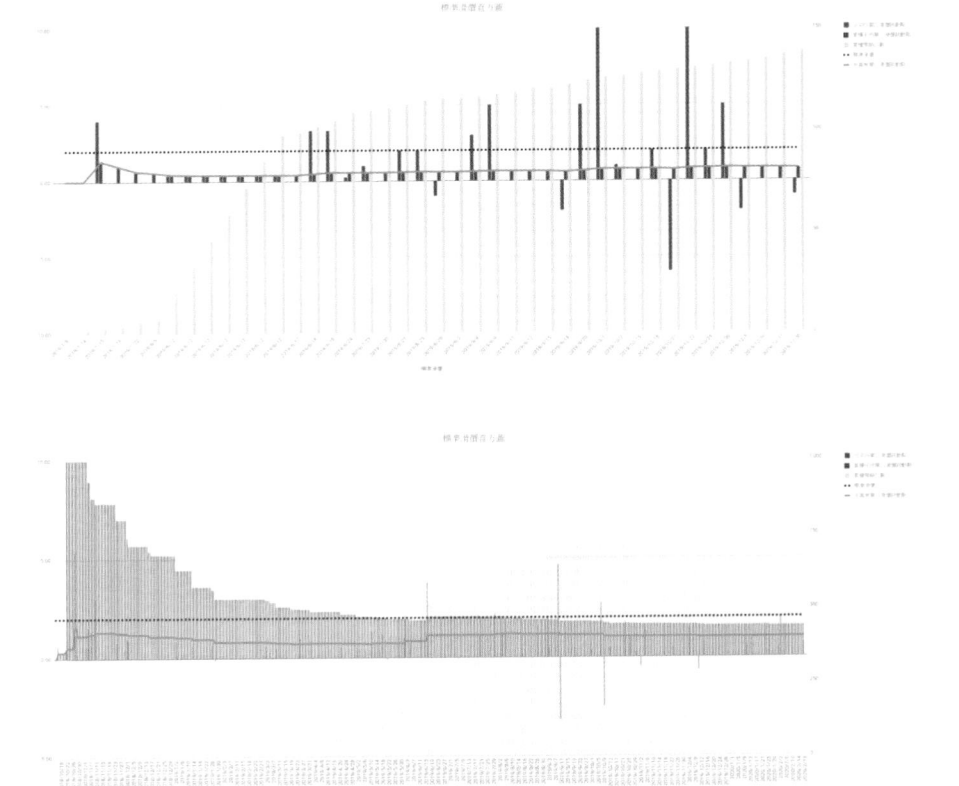

實作——成本控制

實作——交易執行標準流程

速度若是**滑價**的關鍵,透過電話或者網路下單,優劣立判。

網路下單,又分人為點擊、程式下單、網路速度與電腦所在位置的優勢與否,要朝這方面競賽,不知道要先燒掉多少鈔票。

先放棄高頻交易的想法,在美國交易,就把電腦放到美國的雲端位置,避免跨國網路的問題(目前連美國的海底電纜,還真常出問題);使用介面單純的系統做程式交易,**TradeStation**可以同時提供即時報價、策略開發測試與自動下單,不用各自維護、出錯不用花大工夫去找出是誰的問題,等著被解決;再來,就是建立交易過程中必要動作的標準流程了。

不同的交易方式,會有不同的交易流程,要觀察的重點也不一樣。**標準流程**(SOP)也會因為持續的改善,需要不斷改版的。

X5協助4階學員,建立交易團隊,4人一組,每天分4班輪流登入雲端電腦,查看與記錄交易情形,由主流程表展開的文件不少,事實上,即便是程式交易了,還是定期不定期的有些事情要處理;比如交易程式改版、留倉部位換約換倉、價格資料更正確認與開機關機等等。

越不常處理的動作,越需要制定標準作業流程,否則到時候,又是忘了做、或者忘了怎樣做的問題就會重複發生。

交易執行的程序,遠比交易系統開發的過程繁雜,但最後同樣都是**系統化**,也就是**合理化**、**標準化**與**自動化**,讓花費過的努力可以累積,最後只用少少的人力來處理,留更多的時間,去思考更好的系統、過更好的人生。

限於篇幅,無法詳細介紹,在**X5** 3階+工作坊的課後半年訂閱,進行的主題是**X5**系統的模擬交易,除了系統建立與導入外,還會建立標準流程,逐日執行模擬交易與檢討。

	日期	值星	檢查時間	TS 檢查										系統檢查			資料備份			當日需記錄之事項
				無漏洞視窗	策略數檢查	視窗點擊	注自補單	Positions Match	Order Match	Strategy Orders	組體PB成交	無漏單記錄	模擬機	Dropbox檢查	硬碟空間大於3G	Strategy order畫面	TM session	Automation log	TM balance紙圖	
143		Robert	8:00	OK	OK	OK	OK	OK	OK	OK	OK	OK					OK	OK	OK	SB (已換)
144	2020/4/23	Kevin	14:00	OK	OK	OK	OK	OK	OK	OK	OK	OK								
145		Michael	21:30	OK	OK	OK	OK	OK	OK	OK	OK	OK		OK	OK	OK				
146		小正	0:00	OK	OK	OK	N	OK	OK	OK	OK	N								
147		Robert	8:00	OK	OK	OK	N	OK	OK	OK	OK	OK					OK	OK	OK	@OJN20(商品電末開)
148	2020/4/24	Kevin	14:00	OK	OK	OK	OK	OK	OK	OK	OK	OK								NG (已換)
149		21:30		OK	OK	OK	OK	OK	OK	OK	OK	OK		OK	OK	OK				
150	2020/4/25	Robert	8:00														OK	OK	OK	OJ (已換倉)
151	2020/4/26	Michael	22:00																	
152		Robert	8:00	OK	OK	OK	OK	OK	OK	OK	OK	OK								FC (已換倉)
153	2020/4/27	Kevin	14:00	OK	OK	OK	OK	OK	OK	OK	OK	OK								
154		Michael	21:30	OK	OK	OK	OK	OK	OK	OK	OK	OK		OK	OK	OK				
155		小正	0:00	OK	OK	OK	OK	OK	OK	OK	OK	OK								
156		Robert	8:00	OK	OK	OK	N	OK	OK	OK	OK	OK					OK	OK	OK	RB/HO/SI (已換)
157	2020/4/28	Kevin	14:00	OK	OK	OK	OK	OK	OK	OK	OK	OK								S (已換M)
158		Michael	21:30	OK	OK	OK	N	OK	OK	OK	OK	OK		OK	OK	OK				
159		0:00		OK	OK	OK	OK	OK	OK	OK	OK	OK								
160		Robert	8:00	OK	OK	OK	OK	OK	OK	OK	OK	OK					OK	OK	OK	
161	2020/4/29	Kevin	14:00	OK	OK	OK	OK	OK	OK	OK	OK	OK								
162		Michael	21:30	OK	OK	OK	OK	OK	OK	OK	OK	OK		OK	OK	OK				
163		小正	0:00	OK	OK	OK	OK	OK	OK	OK	OK	OK								
164		Robert	8:00	OK	OK	OK	N	OK	OK	OK	OK	OK					OK	OK	OK	

實作──交易執行標準流程

實作──績效管理

任何系統的主架構有3部分：**輸入**、**運作**與**輸出**。

不過在真實的世界中，如果沒有把輸出結果，與原先預期的做比較與改善**回饋**，就會發生第一部**管理績效**中，提到的**三角函數**的「差之毫釐，失之千里」了。

交易是特別真實的世界，對與錯的事件發生頻率高，錯誤的代價，是直接了當的金錢虧損，甚至還是寶貴時間生命的消逝。

交易系統的**回饋**，就是**績效管理**。

X5的績效管理目標，是從第一部中的**財富公式**展開來的，展開到10年以上的長期目標、到3～5年中期目標、到每年的短期目標與計畫，再逐步化為每月的管理，到每個策略、每個商品，來了解必須知道的相關單一交易的問題。

這些事情，不都可以交給電腦處理嗎？

是的！但在交給電腦前，必須知道要電腦做什麼？如何做？為什麼？

就像人工手繪每一根價格圖，因為電腦可以輕易又快速做到，大部分的人都沒做過了，但相對價格洞悉的深厚功力也失傳了。

雖然**X5**團隊已經用程式來執行績效管理，仍然會製作績效管理的圖表，並每月開會檢討，幫助團隊更清楚系統的表現，以及現在與未來該如何對策與進步。

實作——鏈結感官層

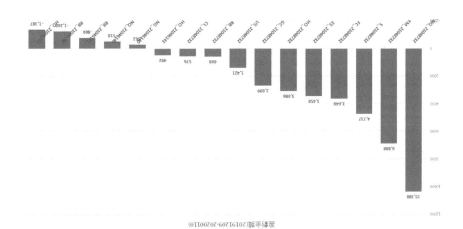

X5三部之三
易筋經

優勢是一點一滴累積的

交易初期的獲利是運氣，長期的獲利，靠的是平常一點一滴的優勢累積。

完美的多市場多策略，不是一時半刻可以建立起來的，組合建立的原則，也要身經百戰後，才能夠體會，然後知行合一。

交易的優勢，主要在於<u>資金管理</u>，這裡的策略影響度，大大的超過產生交易訊號的策略。

The Bussiness One Irwin Guide To Trading System，作者**Bruce Babcock**將<u>資金管理</u>定義出四項原則：

適當的帳戶規模

系統與市場的多角化

風險管理

交易多重契約

其中每一項的真實領悟與確切的應用在交易上，都可以令交易績效有明顯的改善，這是交易中，距離交易帳戶最近的數學應用，而且只需用到四則運算；好吧，必要的話，乘方也算進來。比如，財富公式：

$$C \times (1+R)^N$$

優勢最終就是轉化為，風險與報酬的形式。

累積優勢就是累積財富

期望報酬

想知道如何把優勢內化成報酬了嗎？不急！先從量化**期望報酬率**開始，以利衡量優勢結果。

第一種算法是每次交易的期望報酬率，先算交易**n次的期望報酬**：

$$E＝p × n × W－（1－p）× n × L$$

再除以n，計算**一次的期望報酬**：

$$E＝p × W－（1－p）× L$$

再除以輸一次虧損的金額L，得到**交易一次報酬率**：

$$E％＝p × W／L－（1－p）$$

因此，只需要兩個參數：**勝率p**與**賠率W／L**（單筆獲利金額除以虧損金額），就可以算出期望報酬率。直觀上，只要看勝率乘以賠率在1以上的，期望報酬率就是正的。

第二種是**期間報酬率**（Holding Period Return）的換算：

$$HPR＝期末淨值／期初淨值$$

再推算連續多期的**總報酬率**（Terminal Wealth Relative）

$$TWR＝HPR（1）× HPR（2）× …… × HPR（n）$$

將TWR開n次方，得到**幾何報酬率**（Geometric Mean），也就是複利

$$GM＝TWR^{（1／n）}－1$$

X5在組合測試中的報酬率，都是用GM的公式推導，得到**複合年度成長報酬率**的。

期望報酬

第三部　做對的事，還要把事做好

系統交易的驅動智慧

毀滅風險

交易最可怕的風險就是破產。

下棋只攻不守，總會被將軍而死棋的。不死棋，是交易最基本的原則。**Ralph Vince**在他的著作*Portfolio Management Formulas*中，以**固定比例下注**套在擲銅板的遊戲，用兩條曲線清楚說明了，越想贏而下注越大，破產死棋就越接近，這還是個**正期望值**的賭局。

破產風險（Risk Of Ruin）隨下注比例，呈上升曲線走勢。（如右頁圖）想要降低破產風險，就是盡量下注小。但下小注，也造成了**總報酬率**（TWR）下降。聰明的人，會發現這個遊戲，在下注比例0.25，也就是有4塊錢就賭1塊的時候，報酬率最高，因此，會選擇最佳比例0.25來下注。

但實際上會有什麼問題嗎？是的，這裡的機率是固定的，賠率也是固定的，在現實中，機率只有在賭了夠多的局數，才能視為固定，賠率在交易中，更難預估（控制）。

先不考慮賠率問題，假設賠率仍然是固定的。機率在一定的連續賭局中，必然會有機率誤差，而在一般交易者有限的財力下，勝負就在那一定的連續賭局中，命運之神可以讓人站上極端獲利的那頭，也可以是破產的那個極端。

因為實際參與後的賭局數不多，統計的誤差造成了圖上那兩條線偏移，當**總報酬率**（TWR）往左移時，代表我們選取的下注比例，會往跑到曲線的右邊，獲利降低了，毀滅風險也提高了。

因此，實務上，交易要長期存活下來，下注要盡量的往**最佳比例**（Optimal f）的左側移動。不信嗎？那我們來玩個遊戲好了。

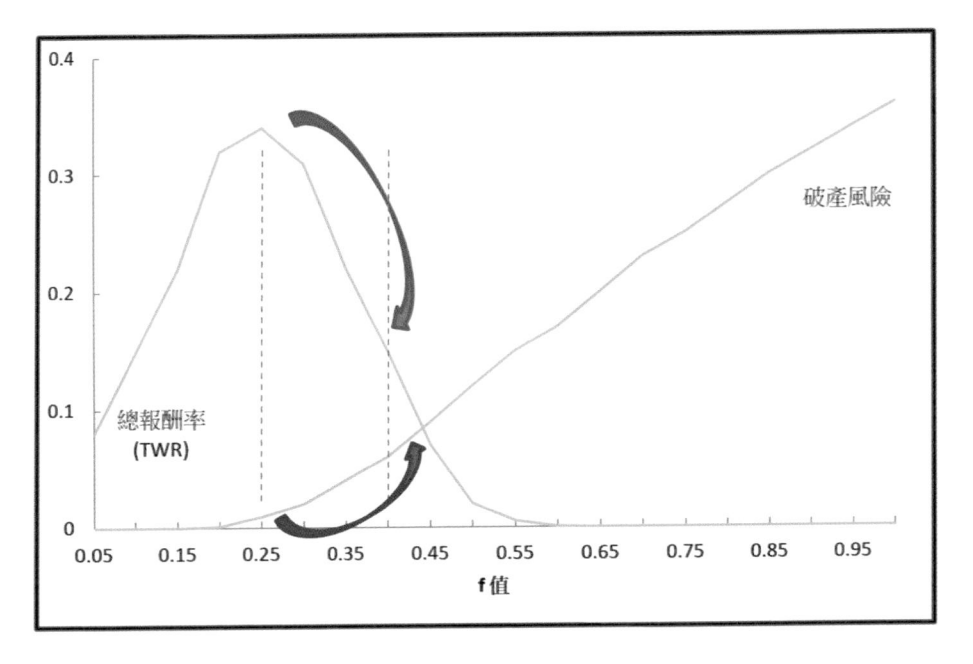

毀滅風險

正期望值一定能獲利嗎？

X5用試算表設計了一個遊戲，下注後，出現隨機數字0～100，有三種賭法，任君選擇。

遊戲A：小於75贏，賠率2倍

遊戲B：小於50贏，賠率3倍

遊戲C：小於33贏，賠率5倍

每次可從餘額提出任何金額來下注，起始資金1000元，總共有200次的下注機會。

從期望報酬介紹過的**期望報酬率公式**，知道這3種遊戲期望報酬都一樣是1（賭1元可以賺1元），但若套上了固定下注比例的再投資模式，命運就會大不同。依照第一部**獲利再投資比例測試**的說明，勝率越高越適合再投資。

有位學員交出了遊戲的作業（右頁上圖），他選擇了遊戲A，也就是勝率75％是最高的，但他只完成了14次下注就破產了，因為他梭哈，押注了他所有的餘額。這是一個極端的例子，在他14次的賭局，實際勝率70％還比預期的高，破產只因為下注比例是1，但勝率不是1（100％）。

在這個試算表中，還可以快速比較中性策略（固定金額）與再投資的固定比例下注（右頁下圖），我們把下注比例改成0.5，勝率最低的遊戲C，也遇到破產，實際機率37％也是比預期的33％高。

X5的**一階線上課程**，有詳細的介紹這個遊戲的使用與結果的分析。如果你也想玩這個遊戲，可以在底下的網址下載試算表：https://reurl.cc/nzLq6v

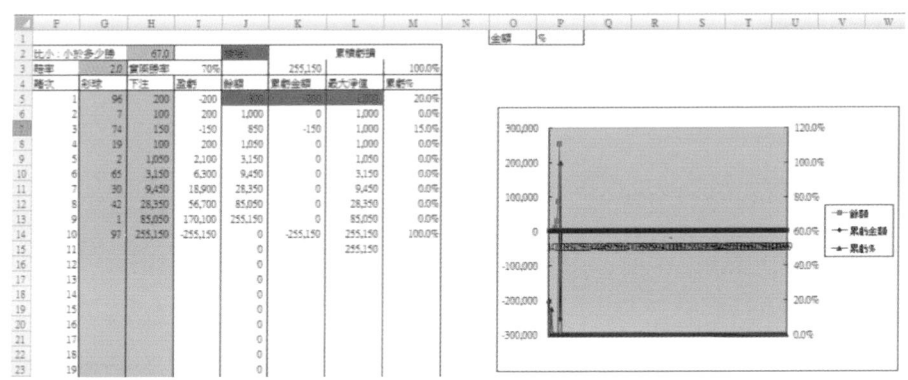

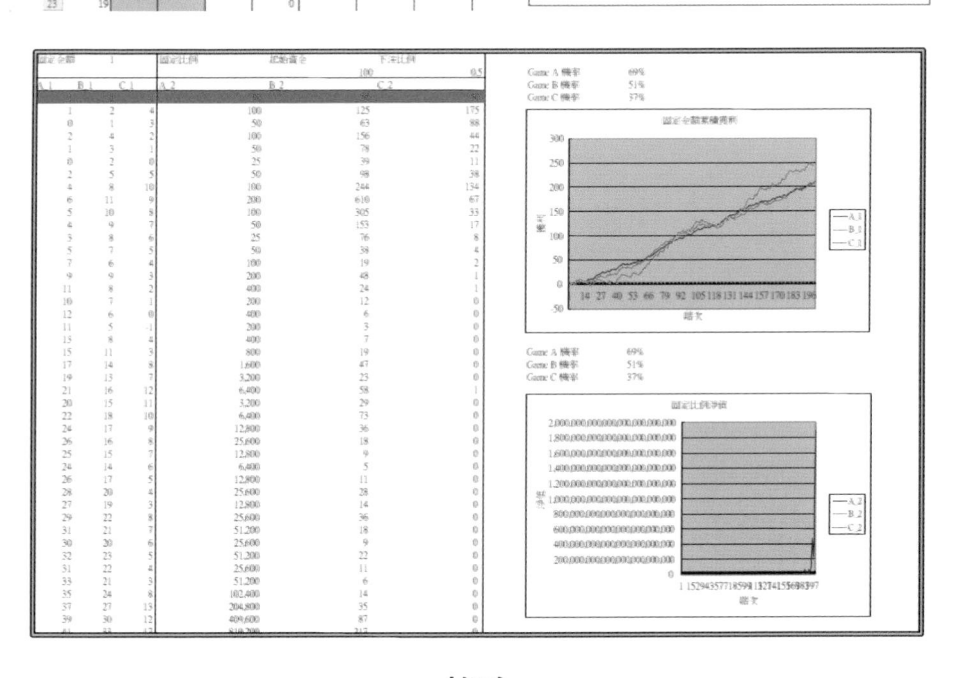

梭哈

賭博策略

眾所皆知，在賭城對玩家有利的賭局只有21點，即便如此，也不能亂下注，還是要有下注策略。

數學家索普，將他戰勝21點的研究出版在《戰勝莊家》，這套方法要能有效，除了找到對玩家有利的賭局，還要在不同機率下，決定不一樣的下注金額。有利的賭局就是**正期望值**，相對在交易上，可比方成**交易策略**，決定什麼時候是勝算大該進場與出場。更重要的是下注金額的策略，交易上稱為**資金管理**，或單指資金管理中的**口數策略**部分。

在賭場中，研究下注的策略大約有兩類，**贏錢加碼**或者**輸錢加碼**，後者常被應用的是「**馬丁格爾法**」，從一個單位開始下注，輸了就加倍，贏了就回到一個下注單位，看來每次的連續虧損結束後，一定可以賺到一個單位，似乎很有勝算，但其實不然，與它相反的「**反馬丁格爾法**」贏錢加倍，輸錢就回到一個單位，反而表現得比較好。

這兩種下注法，加上中性的固定下注法，套用在三種勝率不同但期望值相近的交易系統上：低勝率系統（勝率1／3，賠率3）、中勝率系統（勝率1／2，賠率2）與高勝率系統（勝率2／3，賠率3／2），始終是反馬丁格爾優於固定下注，固定下注又優於馬丁格爾法，而且勝率越大（短期系統），結果越明顯。

這就是一種優勢。

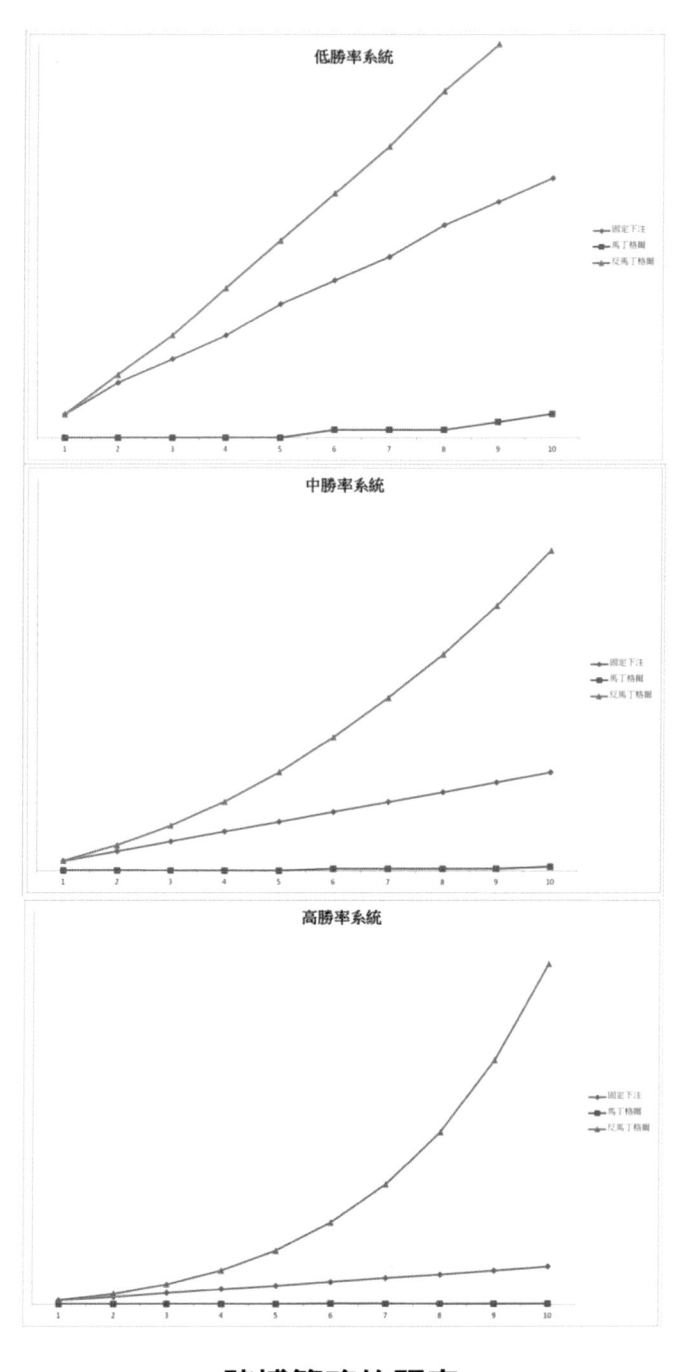

低勝率系統

中勝率系統

高勝率系統

賭博策略的研究

投資組合

在第一部**組合結果**中，提過**資本資產理論價格線**的**組合觀念**，這裡再用簡單的例子來說明組合的優勢。

假如有兩個商品A與B，它們的投資損益關係呈現**負相關**，如右頁上圖，報酬率都是40％，發生淨值最大回撤率（MDD），分別是7.7％與27.3％，組合起來的報酬率，等於兩者相加後的80％，但淨值最大回撤率（MDD）卻只有8.3％，遠比兩者相加或平均值小，最大風險下的報酬率，也從原來的1.5與2.0提高到9.6，這是夢寐以求的優勢。

不過，真實的交易世界，很難找到這樣的**完全負相關**，只能盡力朝這方向努力，書中第二部的實作範例，利用了**X5**開發的組合測試工具，可以協助用結果來分辨組合間的相關性。

事實上，我們只要分辨出相關性太高的、剔除其中較差的，就能留下有優勢的相關性組合。

下圖剛好與上圖相反，是**正相關**的範例，當我們發現組合的風險報酬，並沒有比加入前的好，如商品B，那就該把它從組合剔除。

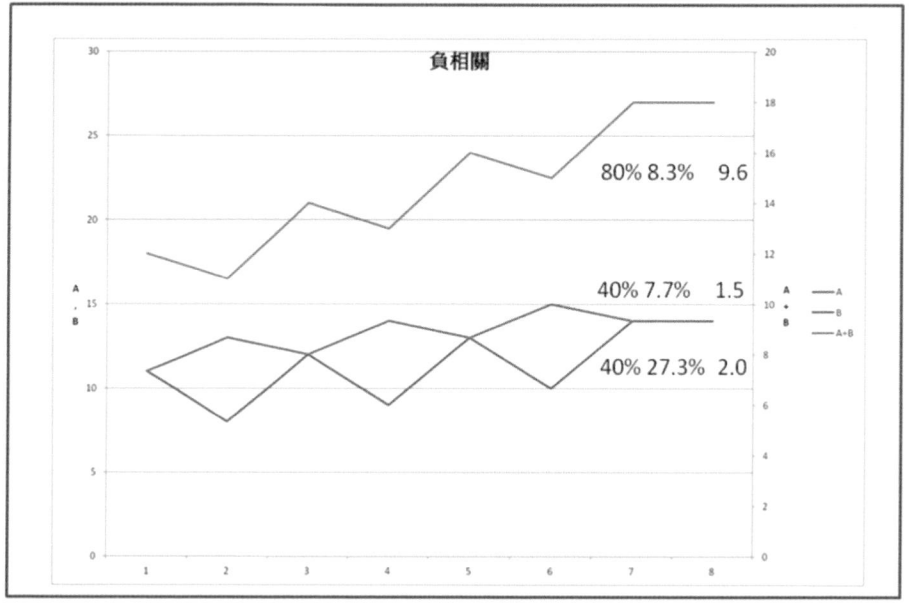

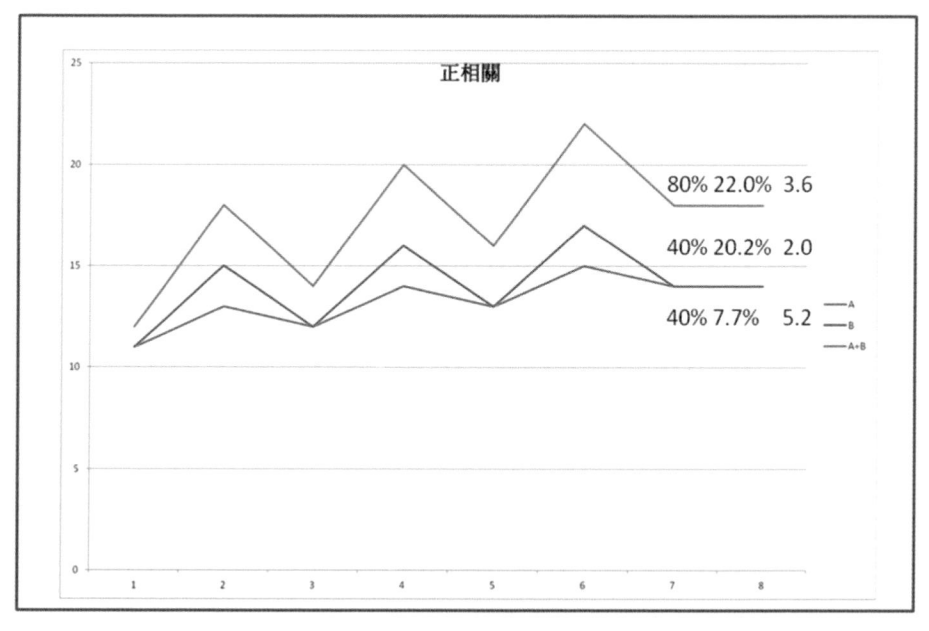

投資組合

風險控制的重要

最大風險若沒有被管理控制，會有什麼問題？

前面提到的毀滅（破產）風險，是一種極端的情形，我們再來看不同的虧損比例發生時，要花多少力氣來彌補？

如果我們有100元，若虧掉了10％，剩下90元，要再回到本錢100元，需要獲利超過11％。這時，風險報酬的要求是11％除以10％，等於1.1。

我們再直接跳到虧損50％的情形，資金只剩下50元，要回到本錢100元，需要獲利100％，這時風險報酬的能力要求是2倍。

通常風險報酬能力無法在短時間內提高，若目前每年就只有1.25倍的風險報酬能力，至少需要1年半的時間，才能把虧損補平。時間是最寶貴的本錢，要運用風險控制的方法，盡量讓最大虧損收斂在合理的範圍；雖然報酬也會減少，但通常看似慢的方法，最後還是最快的方法。

建議最大風險率不要超過30％，最好是20％。

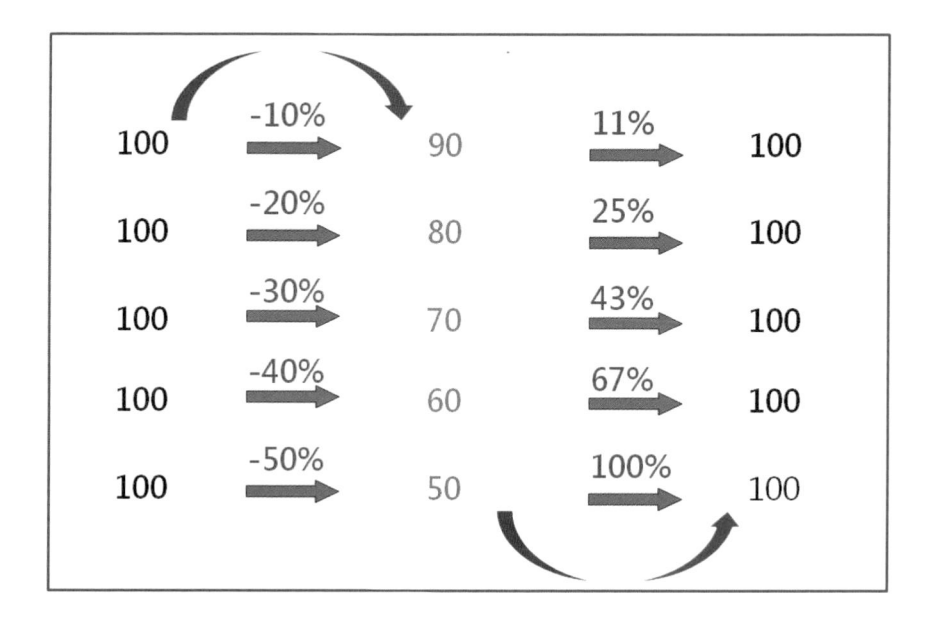

最大風險發生後的回本報酬率要求

實務上──商品策略相關性變化（1）

　　直覺上，負相關的商品，是來自不同的商品屬性，比如股票與公債；這是一般大型投資機構，用來調配組合的兩大重心。

　　實務上，即便是相同類組的美國公債類，30年期的US與10年期的TY，組合起來，都有加乘的效果。

　　右頁上圖的US，在同一支策略的表現下，一路持有多單。同時期的TY，卻靈活的多空都做，比如下圖中3/13與3/29各都做了空單，TY的帳上空單獲利，減輕了組合中US多單在面臨價格修正時的獲利回吐壓力。

實務上──商品策略相關性變化──US╱TY

實務上──商品策略相關性變化（2）

同一個商品，在同一個策略，套用不同的參數或週期等，也可能會有不錯的效果。

右頁的圖都是30年期公債，也是同一個策略，但出訊的方式有點不同。

上圖，多單進場比較早，在價格圖的最後也先翻成了空單。

下圖，仍然繼續持有多單。

這兩個意見相反的成員，讓組合最後的決定，是不繼續持有部位，直到有一方放棄堅持，才會又回到另一方主張的部位。

實務上──商品策略相關性變化──US／US

實務上──商品策略相關性變化（3）

　　這個範例仍是相同商品，小道瓊YM，但策略不同，價格圖上的單位（價格K線）時間週期也不一樣。

　　右頁下圖，在藍色底框前，做了空單，一開始是獲利的，但藍色框內，價格持續修正，金錢風險威脅中，時間風險也拉長。

　　右頁上圖，在進入同一時期的藍色框時，做了多單，抵銷了下圖的金錢與時間風險，直到市場價格在藍色框結束時，指出了往下的方向，多單出場，組合只留下圖的空單，獲得後續急跌的一大段行情。

實務上——商品策略相關性變化——YM／YM

練就價格圖右側思考能力

系統交易需要建立模型，做歷史回測，這時候的價格圖報價是停止的，我們可以看到所有測試期間的價格，測試的方法若無法客觀，就會落入先射箭後畫靶的最佳化<u>曲線匹配</u>。這是自欺欺人的左側思考。

純定量的模型參數測試，一昧地尋找過去的最佳表現，當報價開始啟動，淨值圖的表現，可以讓我們驚醒，甚至憤怒到想砸掉報價螢幕。

單一市場單一策略的參數回測，從中取得表現最好的參數，就期望未來表現仍是很好，這是一廂情願的想法，若是以組合的方式來做測試，套用未來實際的報價行情中，相對的變異會少很多。

我們提過變異來自Spemco的六大因素，第一項就是策略穩健度，減少過多的參數最佳化，盡量避開參數孤島，選擇次高原或次佳參數，或許可以避開過度匹配，提高穩健性。

在真實的交易中，漏單與贅單（也就是幽靈單）是無法完全避免的，但在回測時，是完全看不到的，能夠看到，代表有實務經驗，能夠右側思考了。

圖形的左側與右側

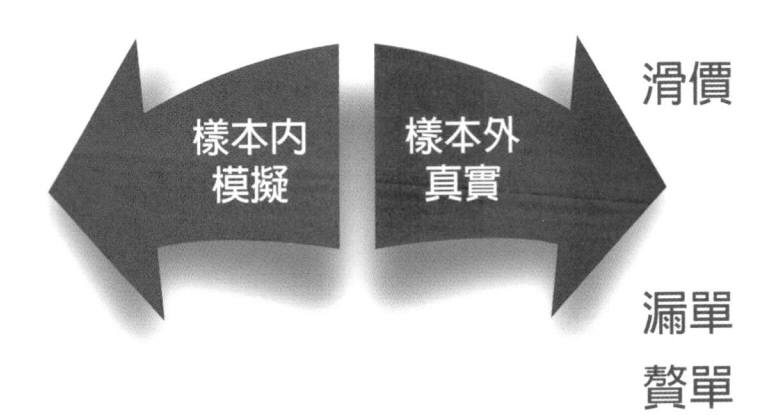

紙上富貴的左側幻覺到右側真實交易的覺醒

極端理性不適用在交易市場

客觀就代表是一種理性，不過，極端理性，並不能在投資交易上佔到便宜，牛頓就是一個例子，他在投資失利後說：

我可以計算天體運行的軌道，卻無法計算人性的瘋狂。

另外有一個故事，1987年《金融時報》刊登了一則廣告，徵求投稿者從0到100選一個整數，最接近平均數的2／3者，可以獲得大獎。

這個猜數字遊戲，與交易市場有很高的相似性，參與者的行動會影響最後的結果，這是一種不確定性。我們看一下結果是什麼？

如果，假設每個人的答案都是隨機的，0～100的數字都會有人選，在參加人數夠多的情形下，也就是符合大數法則，平均值應該等於50，乘上2／3後的數字就是33。會選這個答案的人，是有統計基礎的客觀思考結果，在交易有類似的理論，叫做**價格隨機理論**。

如果，參與的都是這一類的人，那麼猜的數字就會都是33，平均值就跑到33，乘上2／3就變成22。這是第二層的理性思考結果。經過無限次的思考推理，答案就會是0，這是屬於極端理性思考後的結果。我們可以做一個數學式來推導，也可以仿照策略最佳化，來找到理性思考總共會有幾層n的最佳值：

$$y_n = y_{n-1} \cdot 2／3, \ (y_0 = 0-100整數的平均值)$$

不過，在真實的遊戲測試下，從來就沒有發生過最後答案是0，我們無法知道人性正常應該是要經過幾個迴圈的思考，但我們可以在重複的遊戲中分析結果，學習這個迴圈參數值。

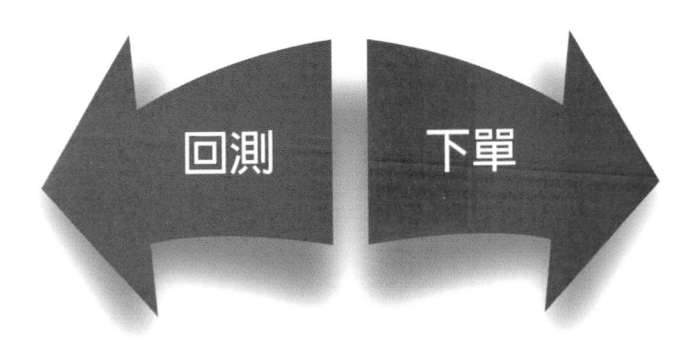

$$y_n = y_{n-1} * 2/3 \quad (y_0 = \text{mean } 0..100)$$

回測人性的數學模型

理性建系統・主觀調參數（1）

　　ORB（Open Range Breakout）是一個流傳相當久的當沖策略，賴利・威廉斯（Larry Williams）在他的著作《短線交易秘訣》一書中，提到了一個觀察與研究：

　　大區間上漲做收的日子，通常都在最低點附近開盤，最高點附近收盤。

　　X5團隊的實戰交易也用了這個當沖。為了設計出接近固定賠率的系統，把停利設在停損點數的固定倍數（wlRatio），再由系統開發者，自行決定這個倍數值。

　　在2020年的4月6日，小那斯達克期貨NQ有一段大行情，隔天早上起床時，看到程式在半途就出場了，經查，停利參數wlRatio設定值是5，顯然，這個數字在當天是太小了。

　　是不是開發時，參數值的設定出錯了呢？

```
Input : wlRatio(20);
var   : WeitEntryPrice(0.0),stopPoints(0.0);

if MarketPosition>0 and c > WeitEntryPrice + stopPoints*wlRatio then
    sell("+sp") next bar market;
```

原始停利的相關程式碼

2020.4.6 NQ當沖在當天漲勢的一半就停利出場

停利改善的思考起點

理性建系統・主觀調參數（2）

調出2020年上線前的開發文件，當初參數決策都是在2018年以前決定的，留下2019年的資料做最後盲測。

再進一步，看當初停利參數的最佳化結果（右頁上圖），從5倍到20倍的參數值結果，不論是淨獲利（Net Profit）、獲利因子（Profit Factor）或帳戶報酬（Return on Account），參數值超過10倍以上的結果都一樣，雖然是最好的，但與5倍的差異，並不明顯。

所以，當初選5倍，並沒有問題。（左側思考）

回測沒有問題，不代表上線後也沒問題，一切以發生的事實為準。（右側思考）

在2020年4月6日的行情出現後，要試著對自己提問：策略能不能有更好的表現？（見重跑後，差異變大的右頁下圖）

TradeStation Strategy Optimization Report - @NQ(D) 1 min [CME] E-Mini NASDAQ-10...

	09-b_ wIR	Test	All: Net Profit	All: Total Trades	All: % Profitable	All: Win/Loss Ratio	All: Avg Trade	All: Max Intraday Drawdown	All: ProfitFactor	All: Max Contracts Held	All: Return on Account
1	20	4	24,199.00	386	50.78	1.57	62.69	-3,381.00	1.62	1	715.73
2	15	3	24,199.00	386	50.78	1.57	62.69	-3,381.00	1.62	1	715.73
3	10	2	24,199.00	386	50.78	1.57	62.69	-3,381.00	1.62	1	715.73
4	5	1	23,436.00	389	50.39	1.57	60.25	-3,381.00	1.60	1	693.17

2008～2018年停利回測差異不大

TradeStation Strategy Optimization Report - @NQ(D) 1 min [CME] E-Mini NASDAQ-10...

	3009-b_X5- wIR	Test	All: Net Profit	All: Total Trades	All: % Profitable	All: Win/Loss Ratio	All: Avg Trade	All: Max Intraday Drawdown	All: ProfitFactor	All: Max Contracts Held	All: Return on Account
1	20	4	43,118.00	567	45.15	1.87	76.05	-4,695.00	1.54	1	918.38
2	15	3	42,147.00	568	45.07	1.85	74.20	-4,695.00	1.52	1	897.70
3	10	2	40,383.00	572	45.10	1.82	70.60	-4,695.00	1.49	1	860.13
4	5	1	32,328.00	597	45.06	1.68	54.15	-4,937.00	1.38	1	654.81

2008～2020年停利參數出現明顯差異

停利改善的追查

理性建系統 · 主觀調參數（3）

X5要4階團隊回答這一個問題。

團隊研究後，認為5倍的wlRatio並沒問題，問題是在商品的波動率不同，這個策略的停損是採固定點數，有時候價格在低點，平均日波動（ATR）都不到停損的5倍，但是價格在高點時，平均日波動（ATR）可以超過5倍，甚至10倍、20倍。

配合這樣的**定性分析**，最後決定了用兩個參數來決定停利點，可以用直觀來管理參數，比如，0.75倍的平均日波動（ATR）與停損點的5倍來停利，取其中的最大值。

	3009-b_X5-wIATR	Test	All: Net Profit	All: Total Trades	All: % Profitable	All: Win/Loss Ratio	All: Avg Trade	All: Max Intraday Drawdown	All: ProfitFactor	All: Max Contracts Held	All: Return on Account
1	1.50	5	90,713.00	1,092	45.60	1.93	83.07	-6,944.00	1.62	2	1,306.35
2	1.25	4	90,713.00	1,092	45.60	1.93	83.07	-6,944.00	1.62	2	1,306.35
3	1.00	3	90,733.00	1,092	45.60	1.93	83.09	-6,944.00	1.62	2	1,306.64
4	0.75	2	92,433.00	1,092	45.79	1.93	84.65	-6,944.00	1.63	2	1,331.12
5	0.50	1	85,373.00	1,092	45.97	1.86	78.18	-6,944.00	1.58	2	1,229.45

新增參數的敏感度分析

新增參數的值在0.75可避免過早停利出場

停利改善的對策

第三部
系統交易的驅動智慧
做對的事，還要把事做好

153

理性建系統‧主觀調參數（4）

美國的指數也有漲跌停限制，一旦碰觸到停板價，就真的會停板休市，要等到隔天開盤才繼續交易。所以，現在還有一個問題，停利價如果在停板價以外，當發生停板休市，已進場的部位，就沒辦法當沖出場了。

團隊認為第二次熔斷後，就可以找機會停利了，因為下一次熔斷是休市，就取第二次跟第三次熔斷價的中間值，當停利的上限值。這樣做，等於是把主觀想法，用寫死的方式（Hard Coding）植入到程式裡面。至於這個主觀想法，是不是每個人都能接受？未來可不可以禁得起考驗？**X5**認為，應該把數學式定義出來，把目前還不能確定的部分，當成參數，讓使用者來自行決定數值，也方便未來驗證與調整。

附帶一提，停板價的處理，盡量以天花板的概念，當成一個限制式，把合理的停利價格，留給先前提到的日平均波動率與賠率倍數參數來決定。不過，停板價是以日<u>結算價</u>為計算基礎的，分線的價格取到的前一日收盤價是**最後成交價**，不是結算價，為了讓程式結構簡單，不打算加入日線的價格序列，而是將停板的幅度減去一個安全比例，來抵銷日結算價與日最後成交價之間的誤差。

但請注意，美期的商品交易，通常都有跨日，程式內建的CloseD函數，並不能取得正確的日最後收盤價，在**TradeStation**中，有另一個更精準的函數SessionD可以取而代之。

```
Input : wlRatio(20),wlATR(0.75);
Input : percentage(0.20),saverange(0.01);
var   : WeitEntryPrice(0.0),ATR(0.0),stopPoints(0.0);


Method float _SymbolCircuit(int vT)
begin
    if(vT=1)   then
        value1 = floor( CloseD(1)*(1+percentage-saveRange) /
                 (Minmove/PriceScale)) * (Minmove/PriceScale);
    Return value1;
end;

if MarketPosition >0 and
   c > MinList(
       _SymbolCircuit(1),
       WeitEntryPrice +MaxList(ATR*wlATR, stopPoints*wlRatio)
       )
then
    sell("+sp_cir") next bar market;
```

＊畫面取自 TradeStation, Technologies, Inc. All rights reserved.

停利改善對策的程式碼

理性建系統‧主觀調參數（5）

　　最後，比較2018／1／1以後的盲測期，系統績效在改善前後的差別，當然，改善後的右頁下圖，不能去跟市場索取那段已發生的差異績效，只能亡羊補牢。

　　未來的行情，是否就會以改善後的期望出現呢？

　　誰也不知道，能知道的是，要持續從每日的交易發現問題，做定性定量分析，以合理的測試，積極爭取優勢。

　　若懶得這樣做，至少每年定期重新跑一次**X5**系統開發的5個步驟吧！

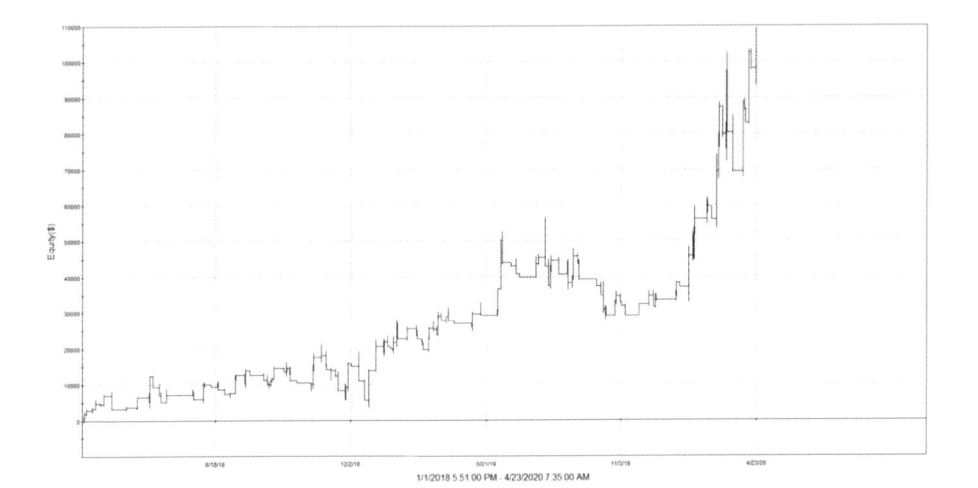

改善前的盲測期績效

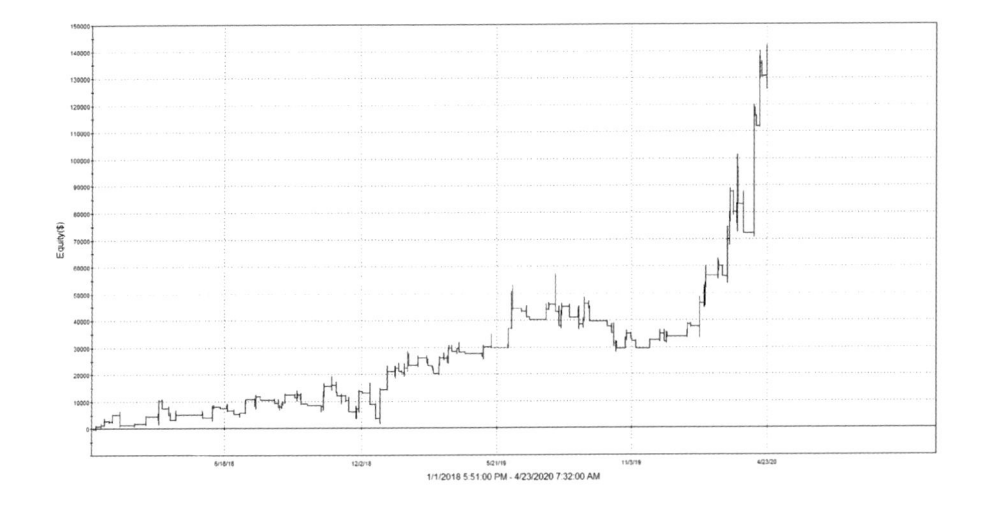

改善後的盲測期績效

停利改善對策前後的比較

常見問題1：
為什麼組合中獲利相加，最大虧損率不會相加？

　　獲利是最後的盈虧結果，組合獲利是個別系統的獲利總和，不過，也不是所有時候，都會是相加。比如，套用了再投資的口數公式後，獲利和，就從線性關係的加減，變得更複雜了；但大致上，多數情形，誤差不大。

　　最大虧損率的觀念，是在一個期間內，發生的淨值最大回撤比例（MDD）。

　　組合中的每個系統，淨值發生最大回撤比例（MDD）的期間都不太一樣，若完全沒有重疊，就是所謂的負相關或低相關，組合起來的數值，是取最大值，而不再是加法了。如右頁圖中，只有#2秤同時有綠色與紫色經過，承重量用相加的，也是出現過最大的承重量。

　　精準的來說，計算方式是取交集，如果，MDD的期間有交集，交集的期間是相加的，沒交集的時期，是一方的回撤（虧損）金額與另一方的獲利金額相減的（如圖#2秤的紅色繩蛇飛起拉著綠色繩蛇）。組合的內容相關性越低，虧損都發生在同一時間點的機率越低，因此MDD就不會是相加，甚至也不會是取最大的，而是比個別系統最大的MDD還小。

　　所以，只透過組合這個萬花筒，單單放入幾個系統，整體的風險報酬績效，就會有百花綻放的效果。

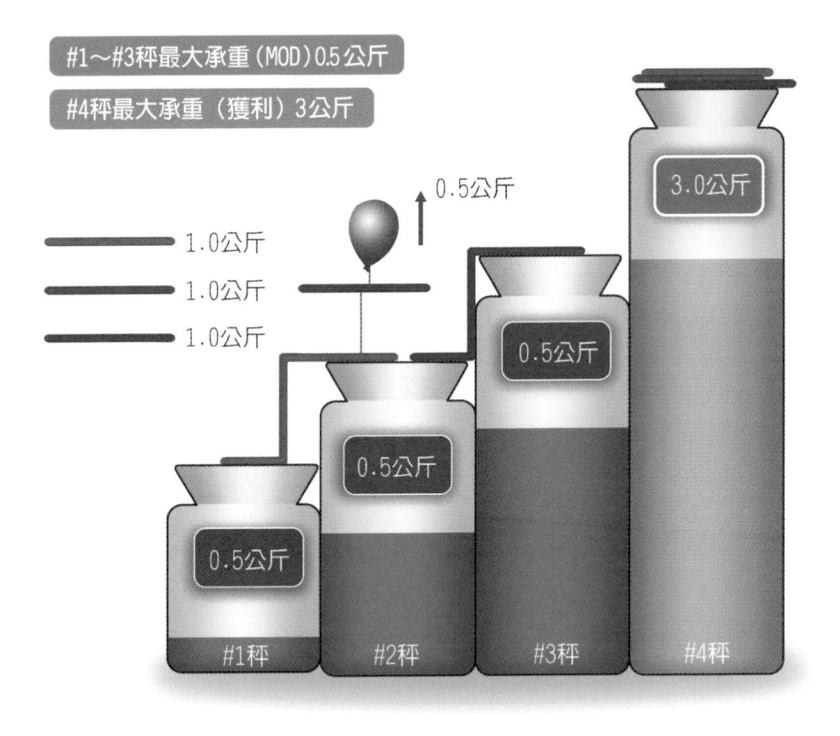

#1～#3秤最大承重（MOD）0.5公斤

#4秤最大承重（獲利）3公斤

0.5公斤

1.0公斤

1.0公斤

1.0公斤

3.0公斤

0.5公斤

0.5公斤

0.5公斤

#1秤　　#2秤　　#3秤　　#4秤

秤1～3顯示的最大重量就是組合MDD

常見問題2：
程式交易已越發達，時間風險是否會越來越多？

這個時間風險，指的是淨值再創新高的時間長短。

大部分交易者做的是波動價差，並非大規模資金可做的市場套利或造市獎勵，最擔心的是，市場沒有波動。

波動變小，時期拉長，賺錢會變得很難，時間風險就變大。

不過，這應該與程式交易無關。市場效率化，不會是永遠的，最終會走出趨勢波動的，否則，市場會因為沒波動而沒成交量，沒有成交量的市場，就會走入下市的命運。程式交易的發達，也無法對市場效率化提供什麼貢獻；反而大量複製程式策略的情形，會造成市場的無效率。如1987年道瓊指數在10月16日大跌了4%，就是大型機構大量使用同一模型的程式下單的結果。

平常散戶會抱怨造市者（market marker），利用高頻效率化了波動空間，一旦波動小了，成交量低了，造市者就變成提供流動量，創造交易者需要的價差來源了。

所以，時間風險的問題不在程式交易的發達，而是在策略與市場的豐富度足不足夠；當這個池子抓不到大魚，就改抓小魚，或者到別的池子去。

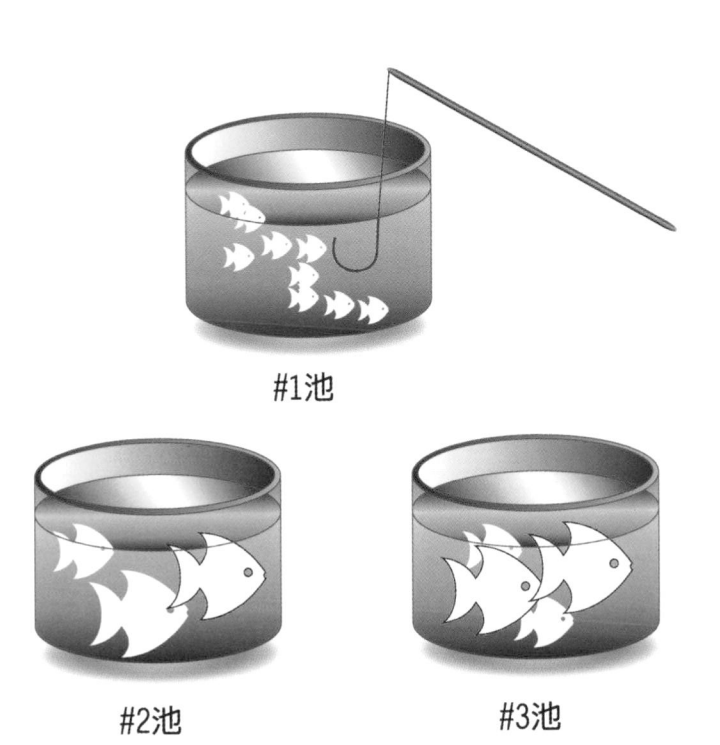

#1池

#2池   #3池

在小魚池子裡放大勾的時間風險大

常見問題3：
上線後，如何評估策略失效的問題？

　　失效有兩個層面意義：（1）上線後的表現完全走樣，回測績效是賺錢的，實際交易卻是一路虧錢的；（2）上線後的報酬低於回測，虧損風險高於回測。

　　第一點，通常是因為交易策略的參數，過度使用了參數最佳化，透過上線前的穩健性測試，如**X5**系統交易的動作2<u>套用市場</u>，就可以事先避免。做了穩健測試，不代表上線的績效就會穩健。例如Spemco中的m，市場的變化度也可能讓穩健的趨勢系統，在連續的低波動或區間震盪中，績效變差。這是一種統計的分布變異，失效的不是策略，而是對策略風險與報酬的期望落差。期望值就是評估失效的依據。

　　交易是看天吃飯的，報酬是看市場給的，風險才是交易者可以處理的，因此，第二點要做的是控制風險。確認自己可以承受的風險，再合理評估與制定策略的風險標準，達標就做減碼或下架的處置；相對的，就要有加碼與再上架的劇本，才能持續交易，生生不息。

　　其實，策略失效大多數都困擾在單市場的交易者，如果能夠多市場交易，每個策略都會有適合表現的市場機會，透過分散市場，降低單一市場的風險值；或許即便遇到個別極端的虧損，系統也沒被認定失效，因為還沒達到設定的風險標準值。如右頁的圖，同樣虧損50元，因為A在此時的發生機率較低，反而已經失效的可能性較高，合理期望賺錢能力可能只有50元，若再套用100元的賺錢能力來規劃，下注就可能過高，風險就會變大。

　　另一個角度，是以虧損的容忍度來處理，賠50元就判定失效，這時，就會把A與B都判成失效，不去探究是否為機率分配的短暫現象，如B在賠50元時，可能只是統計的合理分布結果，仍然判失效。

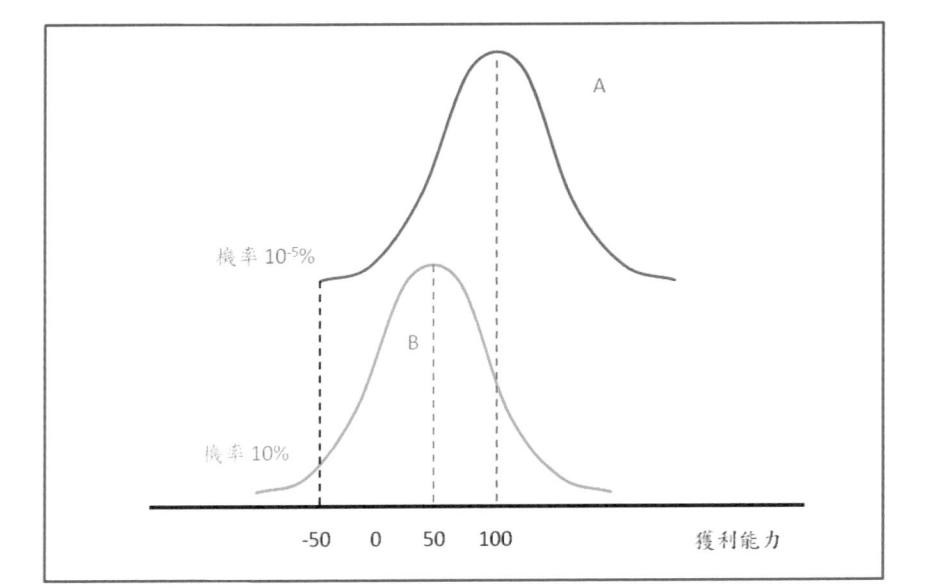

機率 10⁻⁵%

機率 10%

-50   0   50   100   獲利能力

同樣賠50元，A失效的可能性大於B

第三部

做對的事，還要把事做好

系統交易的驅動智慧

常見問題4：
對美期很陌生，能不能多介紹？

　　X5系統交易中的交易商品，只是用來套入選擇的策略，不需要做太多的研究；量化上的需求，只要知道交易成本、開收盤時間與特殊交易限制規則。

　　交易成本與開收盤時間，主要資訊都可以在**TradeStation**的價格圖上找到，可製作一張一目瞭然的表格（如右頁上圖），其中，手續費要從期貨商官網上查詢，每年會有調整，表格也需要定期修正。

　　另外，期貨商品的連續價格資料，牽涉到換約時新舊約價格如何串接，比如兩者的價差是否調整？**TradeStation**提供的標準連續價格資料，是採取實際價差點數調整，也提供交易者自行建立連續價格商品資料的客製規則。（右頁下圖）

　　其他的商品定性分析與特殊規則研究，可以靠大量的測試與累積的經驗來了解，比如趨勢性或均值回歸特性，可用價格通道策略測試得知，這部分可以參考第一部，**市場掃描**的掃描結果圖；滑價大小可以從成交量來估計等等。至於，熔斷規則那種久久發生一次的事情，真的弄懂也沒幾個人，做好風險控管，可以不用太在意。

　　實作才是真正認識市場的管道，不論是系統建立與測試，還是模擬交易或實單交易，花了時間才能長了知識。

		TS	交易所	NFA	合計	BPV	minMove	priceScale	跳動點值			
貨幣	EC	1.5	1.6	0.02	3.12	125000	5	100000	6.25		CME	
	AD	1.5	1.6	0.02	3.12	100000	1	10000	10		CME	
	BP	1.5	1.6	0.02	3.12	62500	1	10000	6.25		CME	
	CD	1.5	1.6	0.02	3.12	10000	5	10000	5		CME	
	JY	1.5	1.6	0.02	3.12	125000	5	100000	6.25		CME	
	DX	1.5	1.5	0.02	3.12	1000	5	1000	5		ICE	
指數	YM	1.5	1.16	0.02	2.68	5	1	1	5		CBOT	
	ES	1.5	1.18	0.02	2.7	50	25	100	12.5		CME	
	NQ	1.5	1.18	0.02	2.7	20	25	100	5		CME	
	RTY	1.5	0.65	0.02	2.17	50	10	100	5		CME	
債券利率	US	1.5	0.8	0.02	2.32	1000	1	32	31.25		CBOT	
貴金屬	GC	1.5	1.5	0.02	3.02	100	1	10	10		COMEX	
	SI	1.5	1.5	0.02	3.02	5000	5	1000	25		COMEX	
	HG	1.5	1.5	0.02	3.02	25000	5	10000	12.5		COMEX	
	PL	1.5	1.5	0.02	3.02	50	10	100	5		COMEX	
能源	CL	1.5	1.5	0.02	3.02	1000	1	100	10		NYMEX	
	NG	1.5	1.5	0.02	3.02	10000	1	1000	10		NYMEX	
	RB	1.5	1.5	0.02	3.02	42000	1	10000	4.2		NYMEX	
	HO	1.5	1.5	0.02	3.02	42000	1	10000	4.2		NYMEX	
商品	FC	1.5	2.03	0.02	3.55	500	25	1000	12.5		CME	
	LC	1.5	2.03	0.02	3.55	400	25	1000	10		CME	
	LH	1.5	2.03	0.02	3.55	400	25	1000	10		CME	
農作	RR	1.5	1.95	0.02	3.47	2000	5	1000	10		CBOT	
	S	1.5	1.95	0.02	3.47	50	2	8	12.5		CBOT	
	BO	1.5	1.95	0.02	3.47	600	1	100	6		CBOT	
	SM	1.5	1.95	0.02	3.47	100	1	10	10		CBOT	
	W	1.5	1.95	0.02	3.47	50	2	8	12.5		CBOT	
	C	1.5	1.95	0.02	3.47	50	2	8	12.5		CBOT	
軟商品	SB	1.9	2.1	0.02	3.62	120	1	100	11.2		ICE	
	KC	1.9	2.1	0.02	3.62	375	5	1000	1.875		ICE	
	CC	1.9	2.1	0.02	3.62	10	1	1	10		ICE	
	CJ	1.9	2.1	0.02	3.62	150	5	100	7.8		ICE	
	CT	1.9	2.1	0.02	3.62	500	1	100	5		ICE	
其他指數	FDAX	1.5 € 0.80		0.02 $ 2.42		25	5	10	12.5	EUREX 800	2200	
	TXF					NT$200	1	1	NT$200	TAISE 845	1345	

F: Jan.			An = OI AND V	
G: Feb.			OR = OI Or V	
H: Mar.		activity base	VO = V	
J: Apr.			IN = OI	
K: May			consecutive occurrences of rollover event needed to trigger the actual rollover	
M: June	[20]nx		nth nearest contract	

@ [Symbol root] [Month code] [Year Code] [optional extension] = 1 2 3-4-5 6 7 8-N

N: July — P = Pit only
Q: Aug. — C = Composite (This extension includes data from both electronic and pit activity)
U: Sep. — D = Electronic day only
V: Oct.
X: Nov.
Z: Dec

2-7 Chart (expiration month codes to include/exclude)
+ = Include the expiration month characters that follow in the continuous contract
- = Exclude
number of prior months to offset a time based trigger
Back adjustment calculation method
N = None
C = Constant
R = Ratio
X = Trading Days prior to the Expiration Date
D = Trading Days prior to the Delivery Date
N = Trading Days Prior to the First Notice Date
E = Calendar Days Prior to the End of the Delivery Month
B = Calendar Days into the Beginning Delivery Month
time base
number of days associated with the time based event used to trigger the actual rollover

@ SPM06=11NC — a custom continuous contract based on the S&P 500 June 2006 with a rollover to the 1st nearest contract (September 2006) based on 1st instance of higher open interest and using a constant back adjustment calculation.

@ ES=209XR — a custom continuous contract based on the E-Mini with a rollover to the 2nd nearest contract (March 2007) occurring 9 days prior to expiration and using a ratio back adjustment calculation.

@ESM07=105NC+MZ — a custom continuous contract based on the E-Mini June 2007 with a rollover to the 1st nearest contract (December 2007) occurring 5 days prior to expiration and using a constant back adjustment included in this continuous contract as specified by the +MZ suffix.

美期商品規格整理表

驚滔駭浪篇

2009.5.4
資金瘋狗浪

　　2004年2顆子彈的衝擊後，市場的震撼教育，也沒停止過。

　　台指期當年連續跌停過，2009年也曾漲停過，不只期貨，連選擇權，想買Call（買權）也只剩下超級價外的500點高價，其他的都漲停。

　　當時已經程式交易了，仍因主觀交易選擇權，亂了方寸。

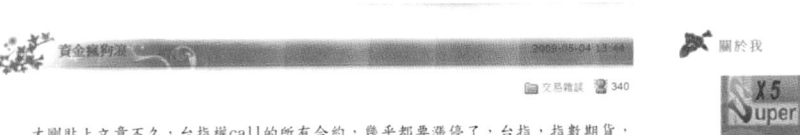

才剛貼上文章不久，台指權call的所有合約，幾乎都要漲停了，台指，指數期貨，開盤沒多久，也都拉上休息的招牌，權值股的個股，幾乎也都是漲停，這算什麼？資金瘋狗浪。

前一個營業日，軋的是空單，今天，空單有充裕的時間出場，沒出場的，像是有萬把刀在心上插，但市場已經不是針對空單來了，而是空手。在台股市場，不是買不清不楚的股票，要不就只能買call了。就連Call也一檔一檔的關門敬謝來客，留下來的是，賭不賭得下的，超高價的價外合約。沒見過，最便宜的價外是五百多點。

台北股市，正在上演，進場資金多，提供的籌碼少的小型劇，不免讓我想到，最近，大陸來台旅遊的事。當歷史在改變，要站上什麼角度看呢？抗拒改變？還是抱怨亂象四起。

不管，程式交易讓我架起了紀律的保護網，不管，多市場交易的資金管理，讓我不在單一市場留戀，但距離最近的台股，這波瘋狗浪，還是勳盪到我的心，讓我想起了李宗盛的一首歌：「這些年學會的一點點成熟穩重，都要被你通通化解。」

早上，才聽到中廣新聞話題，訪問了一位世新的教授，分析的頭頭是道，寄我以為她是電視上的老師，沒想到，學校裡，也有這樣技術分析的老師，只不過，聽到她說，6000以上震盪難免，短線漲幅過大等等，就發覺大家常有的問題出現了：事實與策略不分。今天，指數一早跳空後，不久就漲停了，沒有什麼震盪，6436完全鎖住，從目前的call換算而為6700來看，明天可能還會開高，這樣算6000震盪嗎？這只是種預測推論，是主觀的策略闡述，漲幅過不過大，這也是主觀的認定，是存在個人心中的事實。現在的事實，是強烈的漲勢，相對的，需要依此來制定個人的策略。

台股這個瘋狗浪，若是暫時的，可能可以讓人鬆一口氣，但若是個趨勢，事情就大條了。問題不是後續指數要漲多少點？有沒有機會進場？而是，遊戲規則會不斷的改變，來滿足新進來，以及想進來的資金，比如，可能就要上線的盤後交易，還有，選擇權與指數期貨的多樣性，當然，企業兩天謝絕惠顧的向隅現象消除，這本算也是好事，可是卻苦了程式交易，每個一個遊戲規則的變動，可是，得花好大的功夫來改的。

就像上一篇說的，自由與紀律是衝突的，在紀律下，還是得保有自由的彈性，如果，這段時間，買call大幹一場，可以休息個一年，好好研究程式與未來的因應的。

說時遲，那時快。漲停的call又一檔一檔的打開了，這大概是台股唯一出現的震盪吧！今天，股票沒有震盪。股票避險的指數期貨沒有震盪，只有期貨避險的選擇權出現震盪，或許，台指的漲停會在明天打開，而台股的震盪，會在明天吧？但who knows？

*截圖自Xuite

資金瘋狗浪

https://blog.xuite.net/X5super/studyroom/23767469

2009.9.10
意外的行情，意外的流失

　　沒超過半年，閣揆總辭結束不明確氛圍，台指開盤10分鐘，就直奔漲停。

　　以當時當沖加碼手法，幾乎來不及梭哈（全部下注，又稱嚎暴法），若沒即時設定出場的，瞬間又會化為烏有，因為當天的跌勢也來的又快又凶。

　　有經驗的程式當沖者，應該都會在漲跌價，掛上程式出場單，就不用跟主觀交易員一起窮緊張。

意外的行情．意外的流失　　　　　　　　　　　　2009-09-10 11:46

🗀 交易雜誌　👤 1028

　　2009.9.7，劉兆玄內閣意外總辭，正副閣揆名單的銜接只有一小時落差，隔天股市作漲；第三天，在期待後，等待新內閣成員名單的不安下，股市收黑；今天9/10，在一切明朗後，台指在前10分鐘，一飛沖天。

　　在台股還沒開盤前，台指就已經漲了510點，就在股市開盤之際，又從高點滑落了100點，相信大部分的人，都是在驚訝中，度過這15分鐘，除非是程式交易，不過，台指這前10分鐘行情，也許就是程式交易造成的。

　　如果真是程式交易造成的意外，自然可以參與這曇花一現的行情的人，就不多，因為從高點跌落一半，也只花了10分鐘。

　　空單的人，又嚴守紀律的人，準在前10分鐘，出場走人；猶豫一點的人，可能在高點瘋狂買進平倉；多單的人，有設定停利目標的人，應該可以在上漲中從容獲利出場；猶豫的人，在行情開始下跌時，可能賣的低些；更猶豫的人，只好望空（上影線）空嘆了；空手的人，開盤開高有訊號就進場的人，進入多單的人的循環；最怕的是，像空單出場買在高點的人；最後有一種人，不知不覺的人，意外的行情怎樣來，就怎樣走，就當一顆大石頭掉入股海裡，激起了大浪花，終還是被海吞沒，也沒被淹著。

　　我的波段程式系統仍舊是多單在倉，就是最後這一種情形；我的測試當沖程式，多單突破在第一根5分K，訊號卻寫成得第二根才有訊號，所以，也是最後一種情形，不過，空單卻是意外做到了。雖然出場獲利不多，也算是小小的參與了這個意外；真正參與的是，最近，一直沒乾脆平倉完全的Call，貪心的用出現幾次的漲停價拼出，卻一直因為價格錯誤而失敗，當下，沒有立即轉市價平倉，因為還有百點的差異，後來也沒弄清楚為什麼不能掛單，價格已經又回檔到百點，才陸陸續續市價拼出，這就是多單猶豫的人。

　　雖然意外造成的遺憾大，但總的來說，比起貪婪與恐懼摧殘下，沒虧到就是賺了。

後記：王爺的例子，是我原先沒想到的，結果與空單猶豫的人一樣，只不過，猶豫的結果，是被動的讓期貨商給平倉了，我猜想，我看到7200 Call兩次的漲停價，可能就是這樣子來的。

*截圖自Xuite

意外的行情，意外的流失

https://blog.xuite.net/X5super/studyroom/26670308

2013年
Margin Call（保證金追繳）

那陣子的網路很不穩定，原來是通往美國唯一的海底電纜網路線，被漁船弄斷了，中華電信會在晚上，也就是使用量大的時候，降低頻寬來因應。

降頻的對策，讓連線到美國交易伺服器的電腦，斷線又重連，狀況持續了一整夜。

如果整個斷線還會比較好，因為，<u>TradeStation</u>就在每次斷線重連時，重啟策略，發送新的交易單，並詢問是否取消舊的交易單。當下，系統交易自動化的**X5**，正在睡覺中，沒能按掉視窗上的取消鍵，所以，直到保證金全押上後，才停止下單。

起床後，看到追繳通知，為時已晚，只不過，行情幫了一個大忙，因為收盤前，是獲利的，單子就沒被強制砍出，讓**X5**有時間慢慢掛出場。

這次是逆勢單，市場要讓我亡，可以來個趨勢，但市場選擇留下我。

有了這樣的經驗，就一定找得到對策改善。希望讀者看到了這裡的分享，不用再親身體驗，就可以趨吉避險了。

P&S Item	11/04/2013	USD	62	S	DEC 13 EMINI S&P 500	1754.00	WHO WHO
P&S Item	11/04/2013	USD	31	S	DEC 13 EMINI S&P 500	1754.25	WHO WHO
P&S Item	11/04/2013	USD	31	S	DEC 13 EMINI S&P 500	1754.50	WHO WHO
P&S Item	11/01/2013	USD	10	S	DEC 13 EMINI S&P 500	1754.50	WHO WHO
P&S Item	11/01/2013	USD	14	B	DEC 13 EMINI S&P 500	1748.75	WHO WHO
P&S Item	11/01/2013	USD	26	B	DEC 13 EMINI S&P 500	1749.00	WHO WHO
P&S Item	11/01/2013	USD	44	B	DEC 13 EMINI S&P 500	1749.50	WHO WHO
P&S Item	11/01/2013	USD	14	B	DEC 13 EMINI S&P 500	1749.75	WHO WHO
P&S Item	11/01/2013	USD	26	B	DEC 13 EMINI S&P 500	1750.25	WHO WHO
Trade	11/01/2013	USD	14	B	DEC 13 EMINI S&P 500	1748.75	WHO WHO
Trade	11/01/2013	USD	26	B	DEC 13 EMINI S&P 500	1749.00	WHO WHO
Trade	11/01/2013	USD	44	B	DEC 13 EMINI S&P 500	1749.50	WHO WHO
Trade	11/01/2013	USD	14	B	DEC 13 EMINI S&P 500	1749.75	WHO WHO
Trade	11/01/2013	USD	26	B	DEC 13 EMINI S&P 500	1750.25	WHO WHO
Trade	11/01/2013	USD	10	S	DEC 13 EMINI S&P 500	1754.50	WHO WHO
Trade	11/04/2013	USD	62	S	DEC 13 EMINI S&P 500	1754.00	WHO WHO
Trade	11/04/2013	USD	31	S	DEC 13 EMINI S&P 500	1754.25	WHO WHO
Trade	11/04/2013	USD	31	S	DEC 13 EMINI S&P 500	1754.50	WHO WHO

Contract Total: Buys: 124   Sells: 134

Margin Call

https://www.facebook.com/groups/X5Submarine/permalink/198610123656973/

附
錄
一

驚
滔
駭
浪
篇

X
5
早
期
的
網
路
文
章

2016.6.24
英國脫歐後

2016年英國脫歐公投，原本看好不會過，歐元期貨開了高盤，隨後因出口民調翻盤，價格急速崩盤。

X5有適當的趨勢追蹤系統，如海龜策略，自然會進場。見右頁價格圖（上）。

不過，經驗上，這種行情來得快去得也急，價格圖（下），在較低處的箭頭位置，人為出場一半的倉位，隨即，市場很給面子，真的彈上來了，如價格圖（中）。

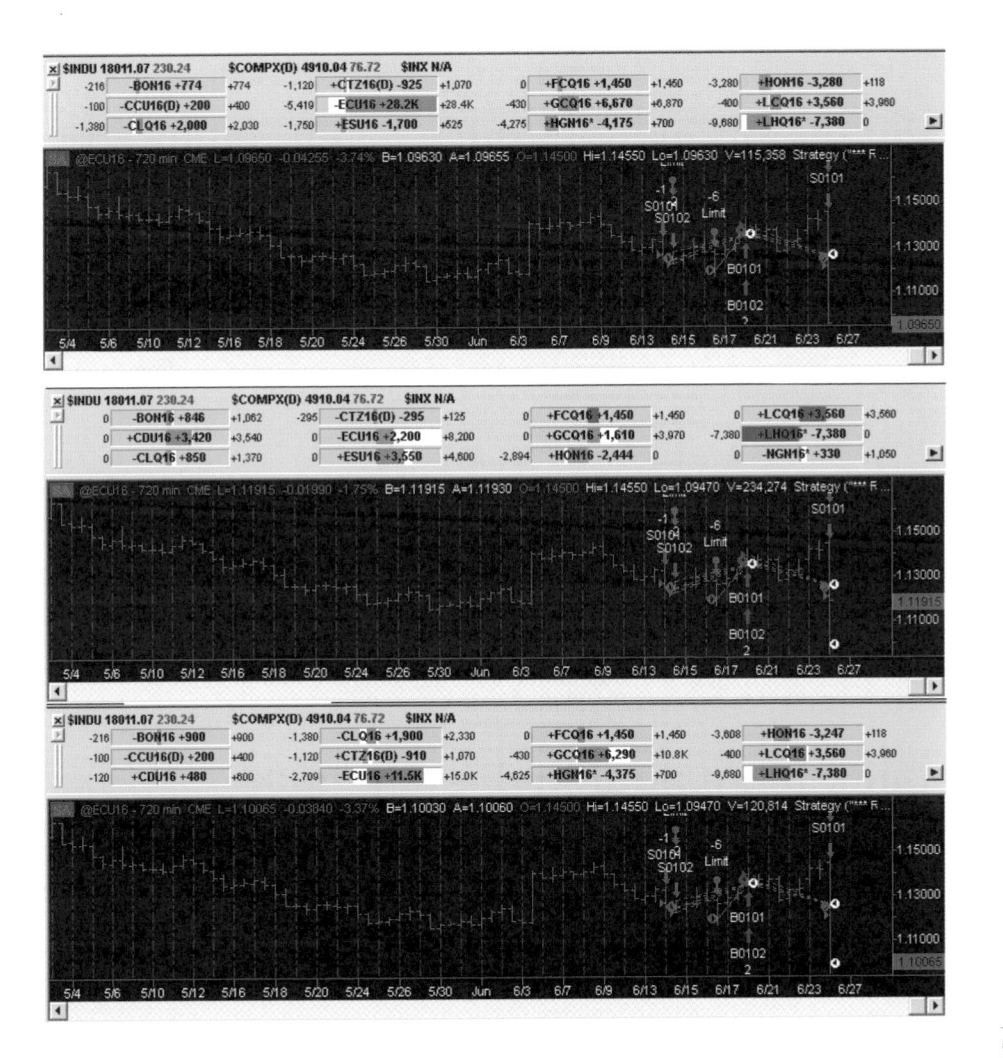

英國脫歐後

https://www.facebook.com/X5SuperTS9/photos/a.305121012997632/6240400577

72391

2016.7.11
一筆交易讓我的實際資金帳戶輸得精光

這是**X5**期貨交易經歷過，驚嚇指數最高的一天。

一筆交易讓我的實際資金帳戶輸得精光，即便它是一個錯誤的價格，卻真實的不能讓我再進任何的新部位。

早上起床，看到自己的期貨帳戶約35萬美元歸零了，查看交易紀錄，竟然，一個部位，可以在一個晚上賠掉7000多點！

無疑是報價錯誤，但帳戶裡的錢，卻真實的被扣除了，忙了一天，與經紀商溝通後，不僅更正價位，還原成交價格，退回保證金，還賠償事後人為補單的價差。

現在美國期貨交易，都有制定即時下單的價格區間，不管市價單（market order）還是停止單（stop order），都不可能瞬間成交價差如此之大的。

一賭成名
X5 Super T59 轉虧為盈的當沖交易

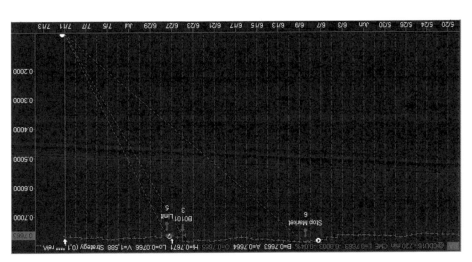

一筆亏的讓我的買錯賣甚垂唯片輛得賺米

https://www.facebook.com/X5SuperT59/photos/a.30512101299763/63188069o3
21661

2016.11.8
川普當選美國總統

　　這個事件，找不到當初的文章紀錄，但值得一提，只好貼交易對帳單。

　　那時，交易所採取與脫歐時相同的措施，將保證金調高，預估有很大的波動。大波動就是交易的好機會，當大家還沉浸在那些恐慌不安的氣氛，系統交易者，已經制定好策略，仔細檢查細節，準備乘風追浪了。

　　右頁的左上圖是選前的最後一個交易日，餘額是347,368。右上圖是選舉的第一個交易日，餘額是360,132，獲利12,764。左下圖是接著的交易日，餘額是397,281，獲利37,149。再過一天的右下圖，餘額是391,318，虧損5,963，才終止了這次波動的獲利。

　　當下仍然有人為的干預出場，心情多少還是震盪的，經過這些年後，已經能體會《金融怪傑》，艾迪·賽柯塔說過的：

　　法則5　知道何時打破交易規則。

川普當選美國總統

人與程式競賽篇

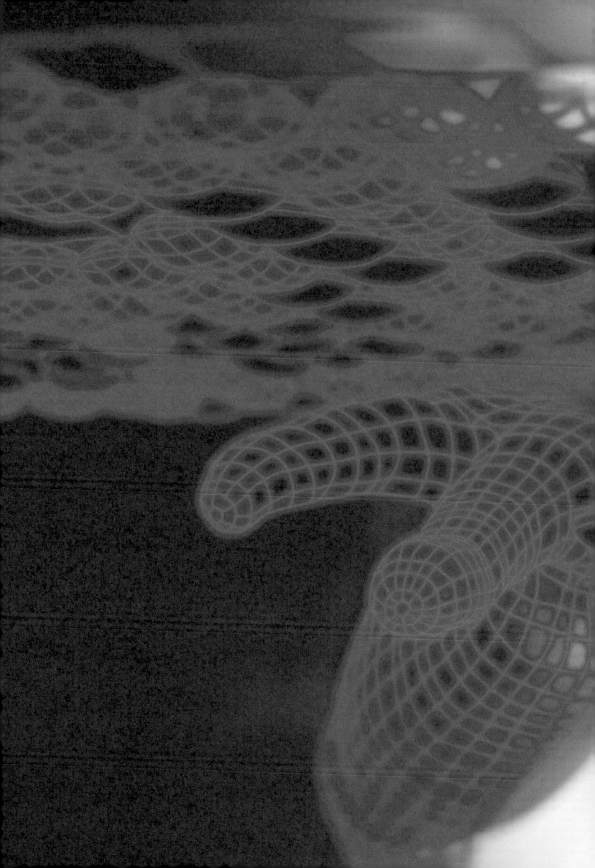

2009.4.22
讓程式系統越來越像自己

　　金融怪傑中，我最崇拜艾迪・賽柯塔（Ed Seykota），只有21頁的訪問稿，來回不知道看了多少遍，做了自己的筆記，也依樣畫葫蘆的制定了交易願景規劃，他既然都能做到，就一定有辦法學會。

　　當下，最經常反覆琢磨的是法則（5）：知道何時打破交易規則。

　　這與法則（4）看起來是完全的衝突，艾迪訪問時有回答了，但我的領悟竟花了10年。

　　其實，會有衝突，是因為還沒清楚自己真正的系統，在有限的時間內，建構的系統都會有與自己格格不入的地方，而這些地方，需要時間去修改擴建，若夠了解自己，就會知道如何運用法則（5）了。

　　程式系統常常與人為的交易模式存在著差異，這差異是使得開始程式交易的人無法持續到成功的很重要原因。

　　當程式交易賣出，而你覺得這是拉回的好買點時，衝突就出現了，到底要跟隨程式，還是人為來處理？

　　一直拿來當自己典範的Ed Seykota，在金融怪傑一書的受訪文中，回答它遵循的交易法則是：（1）減少虧損（2）乘勝追擊（3）小量經營（4）毫不猶豫地遵循市場法則（5）知道何時打破交易法則。

　　前四點和Bruce Babcock的攻守四大戰技類似，而多出的第五點，是一種創意，創意在某種程度上，等同於例外，最多的例外經驗在於化學課，背了好多例外，這樣的死背，可不完全等於創意，不過，即使背了那些重要例外，是因為考試很可能會考，但是，最容易拿到也最多的分數，還是在主要的法則。

　　程式系統一開始最主要的問題，其實，在於是否遵循了市場法則？是否設置停損減少虧損？有否乘勝追擊，讓獲利持續發展？做到小量經營，控管風險？這些是讓系統績效的期望值成為正的方向。如果，做到了這些，即使，與人為存在差異，反倒要回來問問自己，全都都照著自己的意思作，是否會比程式好？我的經驗是：否！自己越是努力交易，績效就越差，頂多與程式相當，幾回後，我就放棄人為交易了。

　　最近，發覺程式系統越來越像自己了，透過多系統多訊號，程式不單純只是多或空而已，目線多頭部位中有放空的短線部位，也可能有短線的多單加碼部位，這是因為持續不斷加入市場法則。

　　這樣，績效與心理的波動性，跟著降低了，這時，一些還沒被法則化的交易，可能在小量經營下，變成人為交易的一種創意，也就是知道何時打破交易法則，說打破，其實，只是新程式系統的一種測試，相信，不久，這創意還是會變成系統程式。

*截圖自Xuite

讓程式越來越像自己

https://blog.xuite.net/X5super/studyroom/23514452

2009.5.11
明天還是要繼續

從自己的文章紀錄中，台指期在2009年，至少出現過3次漲停，比2004年的2根跌停板還多。

想要在那幾天的行情，多賺一些錢，總是要犧牲生活品質的，最後也不見得真的賺到錢，這樣的程式與人為交易的拉拔，會持續到看清楚這關係，並且有能力看到也賺到，或者有能力取捨，才會不那麼明顯。

2016年的脫歐與川普當選，2020年的新冠病毒疫情，都是在檢驗與練就艾迪・賽柯塔的法則（4）與法則（5），是否已經深植在系統裡了。

*截圖自Xuite

明天還是要繼續

https://blog.xuite.net/X5super/studyroom/23918927

2009.8.20
真的踩到地雷

　　2009年，還沒完全放棄台指與人為交易，而且還有當沖。

　　看即時盤要花很多時間，耗很多能量，思緒也跟著變多，看到以為看得懂的，就想要做到該有的行情，右頁圖中的窒息量，喚出了主觀交易魂，在6639下一根丟了出場單，因為期貨商網路的問題，最後分別在6659與6685成交，與原本打算6660空翻多的計畫，差異很大。

　　人為交易與程式交易是兩種不同的作戰模式，平常沒有依照軍備練兵，上戰場就會力不從心。隔年，終於下定決心，進軍美期系統交易，丟了台指，也陸續丟了家裡的網路備援與不斷電系統，架設起海期程式系統交易的軍備。

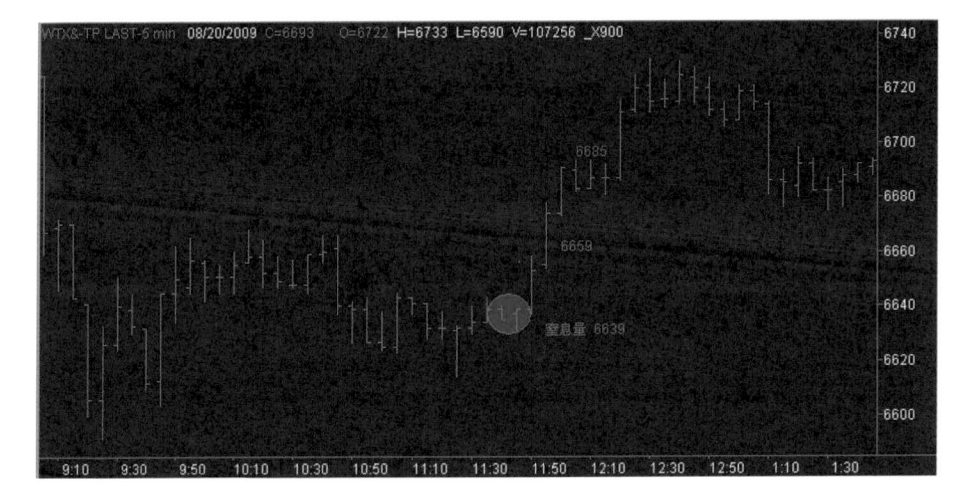

真的踩到地雷

https://blog.xuite.net/X5super/studyroom/26168144

2010.9.16
賺錢再自然不過！

　　第一年，轉美期交易，也還沒能止住主觀交易被壓抑後的衝動。

　　右頁的上圖是天然氣的當沖，昨天睡覺前，覺得低點差不多了，就做了人為平倉，關掉自動下單。

　　起床後，看到下圖，就看到昨天的自以為是，多賺到13點，卻損失了一筆99點的獲利交易。

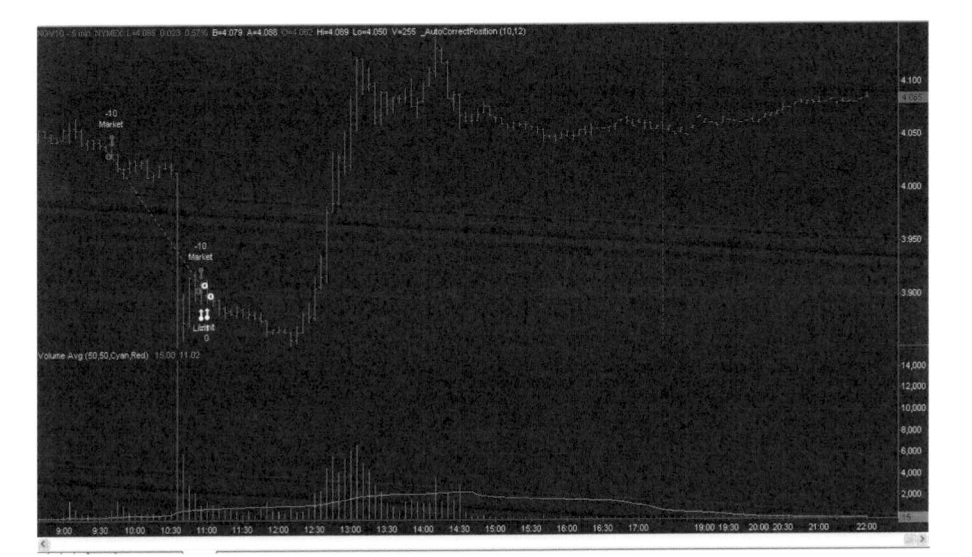

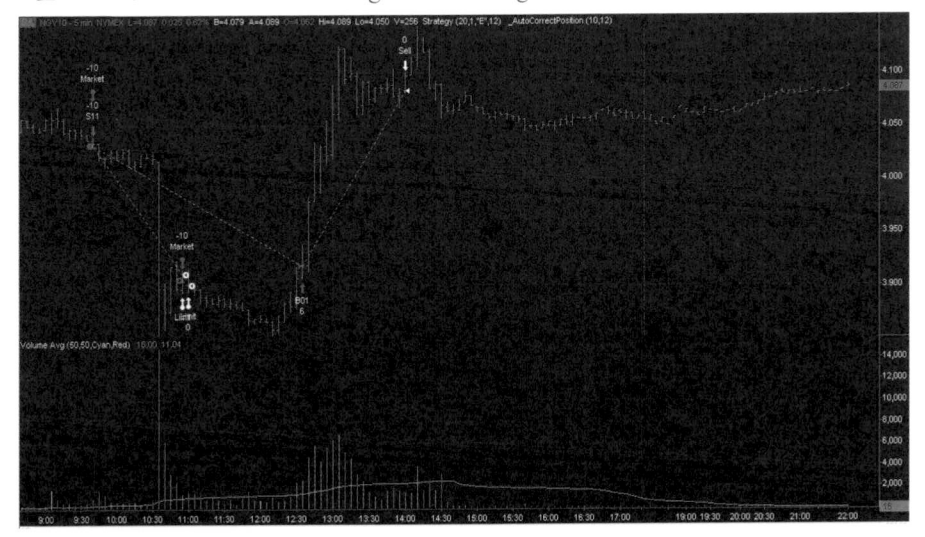

賺錢再自然不過

https://blog.xuite.net/X5super/studyroom/44375353

2010.9.16
這些年來學會的一點點成熟穩重，就要被你通通化解

　　2010年，美期與台指交替中，起床因昨晚干預美期系統的痛，台指開盤後，仍然處在天人交戰中，從2004年開始紀錄艾迪‧賽柯塔的法則（5），至少5年了，心境仍然很艱難。

這些年來學的那麼一點點穩重，都要你把他通通化解

2016-08-16 13:41

交易雜誌 497

這是李宗盛的一句歌詞，也是我現在在交易上的一種心情。

早上發了一篇文章後，就出去二度全身按摩，放鬆自己，回來後，在書房看著"賺錢再自然不過！"，明瞭到認知衝突或錯誤，對交易的衝擊，旁邊的程式系統，也一邊驗證著書上的道理。

幾年來的程式交易，讓我遠離盤中複雜糾結的情緒，也讓我避免了許多不必要的虧損，這是我學的在交易上一點點的成熟穩重。

最近，因為看到個股漲勢型態，連結到股票與call的交易機會，對於採取程式交易的我，這一直是個矛盾，人為操作模式，強化了主觀性，即便人為操作的部分成功獲利了，但是，接著看系統程式就怎樣都不對勁了。

旁邊的電腦螢幕，在我回來時，看到當沖空單進場，反成為數量相等的空方部位，怎麼看，進場的價位應是今天的低點附近了，用最近人為操作的模式，強烈的想要去干預程式平倉，可是早上才告訴自己夠了，把交易還給程式，把生活還給自己。

可是，這樣天人交戰的過程中，價格果然反彈過空單進場點，我仍然在交戰中，而手中的書，也不斷的告訴我，交給系統是對的，我的認知失去協調性而已。於是，繼續的看書。

收盤了，程式當沖出場，獲利7點。

正確的認知模式是需要去學習與了解的，雖然，程式交易可以跨越這個問題，若沒有真正建立成熟的交易心智，一旦與市場接近時，就有可能與李宗盛這段詞描述的一樣。

後記：在按摩的90分鐘的放鬆中，我終於知道2498那筆交易要告訴我的不只是被洗單，而是自以為低買的錯誤提早進場(後面的突破時機更好)，還有停損設的太近，以讓部位建立的更多(貪心是第二個錯)，以及出場當天忙到忘記開啟自動平倉功能(不專注失去紀律)，發現時，強迫自己平倉到低點，以致沒有風險空間在後來補回(風險已經放大2倍了)，但最主要的是，無法立即抹去這一連串的錯誤造成的負面經驗。看來，離成功交易者的修行還是有大段距離。除非我一直堅持程式交易，或者嚴格限制人為交易的比例，與交易的朋友分享，互動！

*截圖自Xuite

這些年來學會的一點點成熟穩重，就要被你通通化解

https://blog.xuite.net/X5super/studyroom/37992560

2016.2.9
龍飛鳳舞

　　2016年的文章，已經可以欣賞程式交易的好，6年的美期系統交易，程式策略能力，已經讓系統越來越像自己了，這是多週期多參數的單商品單策略結果，有些等著下空單，有些等著下多單，不怎麼看盤的當時，只是欣賞程式正精彩演出的龍飛鳳舞。

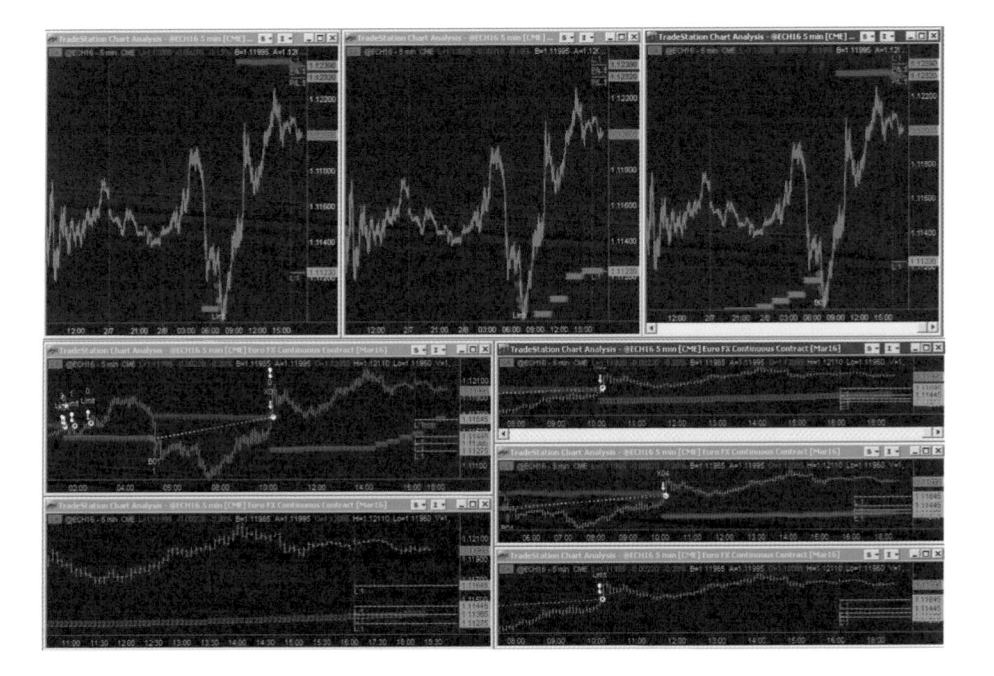

程式交易的好處：上排等著賣，其他等著買

*畫面取自TradeStation Technologies, Inc. All rights reserved.

龍飛鳳舞

https://www.facebook.com/X5SuperTS9/photos/a.305121012997632/5613581573

73915

2016.2.5
小巫見大巫

　　上一則的龍飛鳳舞，看在趨勢追蹤策略的眼裡，只是個雕蟲小技。

　　如右頁圖中的紅色價格線，是技術分析中的多頭趨勢，而逆勢交易的空間，只有在趨勢波動的小小休息區內。

　　搭配多策略多市場，程式更能做自己，主觀交易魂就很少跑出來了。

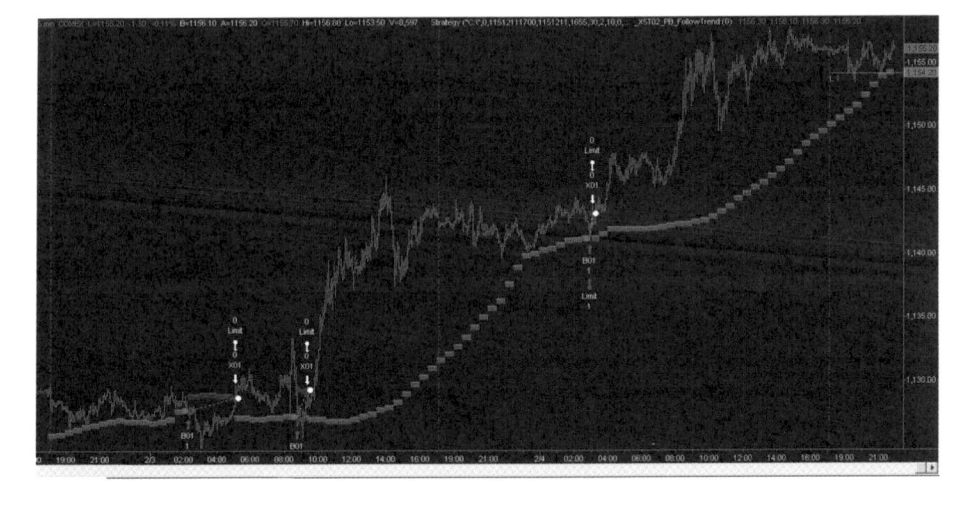

小巫見大巫

https://www.facebook.com/X5SuperTS9/photos/a.305121012997632/5595818542
18212

好事篇

2013.5.21
人為放空黃金

　　QE之後的黃金崩跌時期，曾經在臉書社團分享了**分批進場**（Scaling In）的資金管理手法。

　　也有社員跟著做，驗證所學，一路下來2600點，**X5**的實單紀錄，從1口單開始，虧損控制在5000美元。

　　從3／22～5／20交易了16口空單的進出，分別空單進場15筆，買進平倉8筆，扣除一筆接近損益兩平的小虧，勝率就是100％了，獲利$92,610。

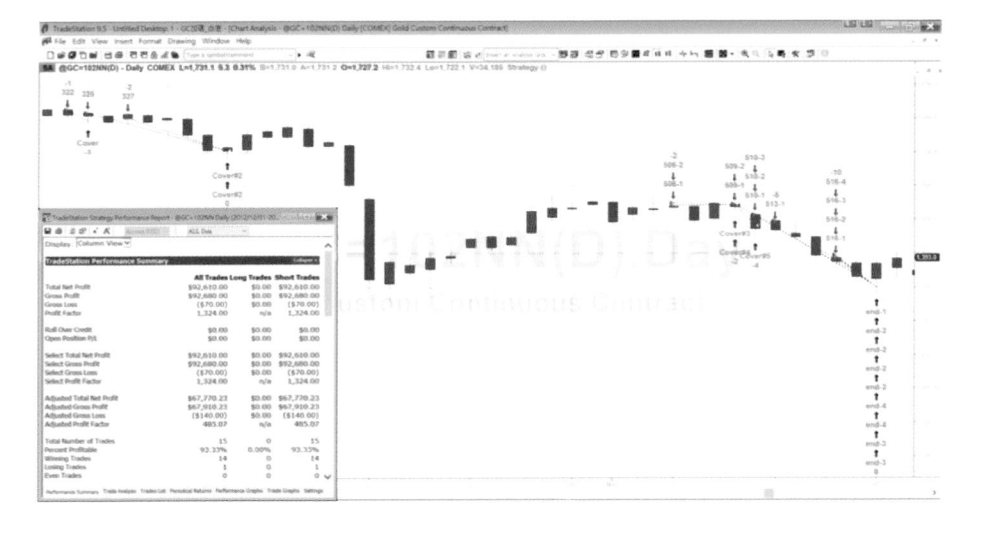

人為放空黃金

https://www.facebook.com/groups/X5Submarine/permalink/146462845538368

2013.11.12
喜歡這樣紅綠數字的比例

　　同樣記錄在臉書社團的即時部位損益圖，顯示到了11月的黃金還在跌，但**分批進場**（Scaling In）的人為示範，應該結束了，這是程式單吧！

*畫面取自 TradeStation Technologies, Inc. All rights reserved.

喜歡這樣紅綠數字的比例

https://www.facebook.com/groups/X5Submarine/permalink/200062543511731

2014.11.9
2014年的績效

　　2014年每週都會在社團，分享系統的績效圖，一方面讓社員知道系統化的交易能耐，一方面學習如何看績效與管理。

　　這樣的淨值圖設計，是放入了艾迪‧賽柯塔的<u>湖泊比</u>觀念，方便直覺觀察風險報酬。

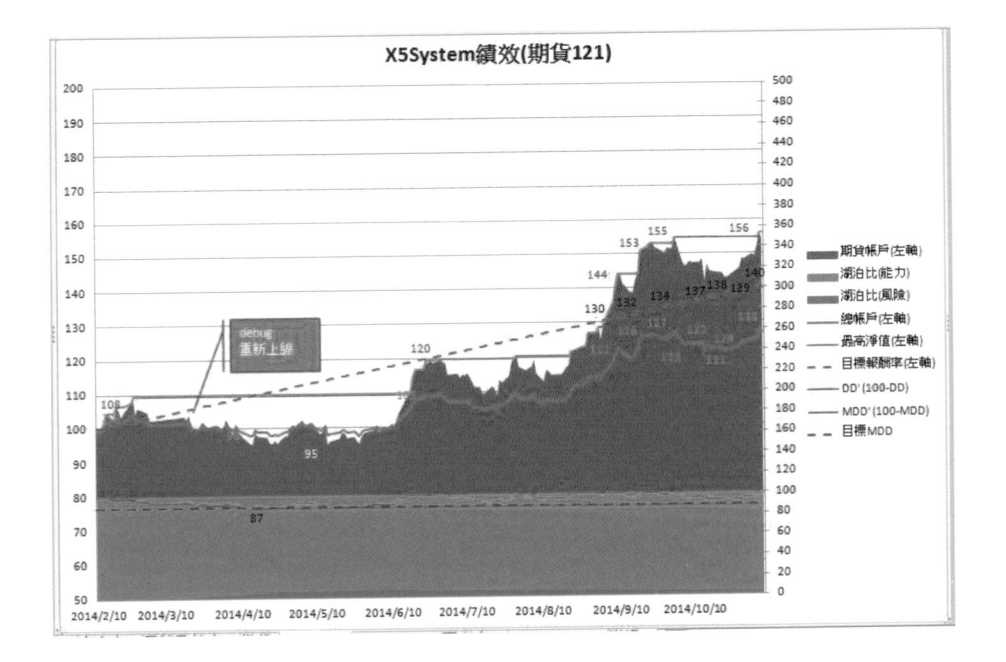

2014年的績效

https://www.facebook.com/groups/X5Submarine/permalink/339529749565009/

2015.3.13
市場的禮金

市場不僅會在沒有防備的時候，襲擊我們，也會時常送禮金來，準備好就能收得到。

限價單在回測的時候，選擇穿價才成交，若能通過測試，上線後，會有些時候，**觸價就反轉**，交易者可以不做任何動作，讓程式自動接受市場的出場方向，如果獲利出場了，事後重啟策略，這筆交易單就會從回測中消失，而帳戶中這筆實際收到的獲利，就是市場的禮金（Bonus）。

當然，也可以在發現觸價成交時，立即人為出場，重啟策略，禮金（Bonus）同樣也入袋了。

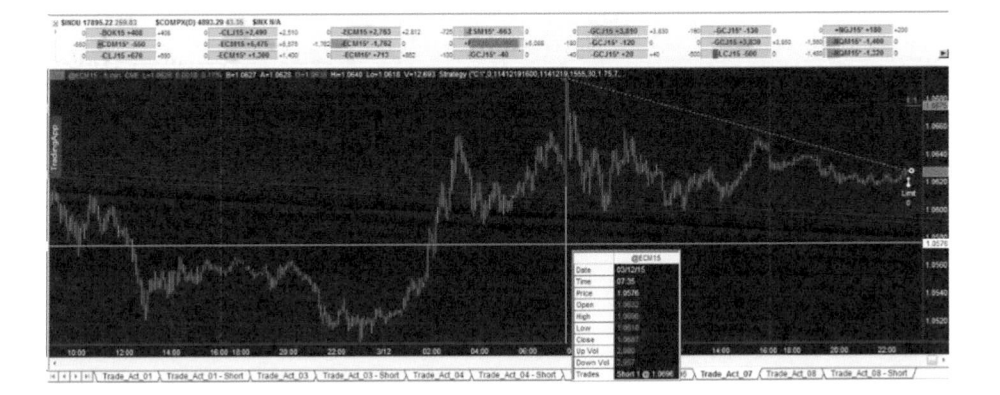

市場的禮金

https://www.facebook.com/groups/X5Submarine/permalink/394658167385500

附錄一 X5早期的網路文章

心痛篇

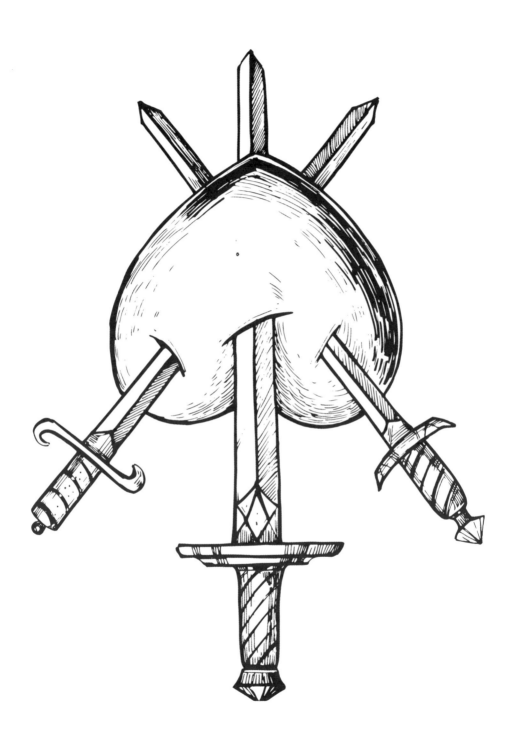

2011.4.14
一個Bug值多少？

2011年，上線的準備工作（SOP）有10項。

這一天，偷工2項，搶了快，一個沒處理好的問題（Bug），價值 3.2%。換算現在的最低薪資，可以付一個員工一年的薪水。

又提醒了自己一次，慢就是快。

當時，回測MAR在2～3的等級，就上線了。那是還沒有嚴謹處理過 Spemco誤差因子的，9年後的**超五系統**累積了經驗，付出了代價，已經 對回測誤差因子盡力改善，不只力圖縮短回測預估誤差，上線前的回測 MAR也有提升了1倍。

系統交易在任何環節都可能會有error，在不同階段發生，會有不同的成本或費用。

有一個策略，回測時很賺錢，就急著想要弄上線，經過我那10大上線準備工作，還得跑上一段時間，於是，策略也就沒有仔細處理，比如說，停損。

停損越大，通常勝率越高，獲利也越高，最近，體驗了這樣的交易模式，覺得很正常，便在高勝率的保護下，設了大停損，反正虧損也不都是停損出場。

要死不死，就在正式口數上線的第一筆單就遇到大虧損，而且，這個系統又沒經過rampup，口數一次就做足。

心裡的滋味不好受，趕緊測試不同的停損績效，原來，這個系統的停損可以縮小到1/3，這筆的虧損大約5%，重新計算策略的停損與口數，只剩下1.8%，所以，這兩個偷損，值3.2%。

亡羊可以補牢，順便改其他有相同情形的系統，結果，過去十年的模擬，組合MAR值從1.9提升到2.8，至少看到這個，也有所代價了。

*截圖自Xuite

一個Bug值多少

https://blog.xuite.net/X5super/studyroom/44091136

2011.12.6
白金的出場滑價處理

白金（PL）是重金屬期貨中，波動相當不錯的，缺點是滑價大。

在某些時段，成交量不大，丟出**市價單**（market order）或**停止單**（stop order），可能會滑到天上去。

記得剛交易美期時，白金與白銀在一次的換倉，下錯帳戶了，造成新舊合約都存在，沒經驗的當下，連忙市價砍單，再市價補單，就這樣一往一來，滑價與補單差價，竟然吃掉3萬多鎂（美金）。

當成自己領了一年的薪水，閉了關，把海龜策略改成突破後丟限價單（limit order）。舊文提到的，是第一版，出場跌破後的目標停利單（limit），同時也放了反方向的停止單（stop），這樣做問題也還不少，當時只對策了限價單部分成交問題，後來還改成包含出場單一律下限價單，避免交易單被held的問題。

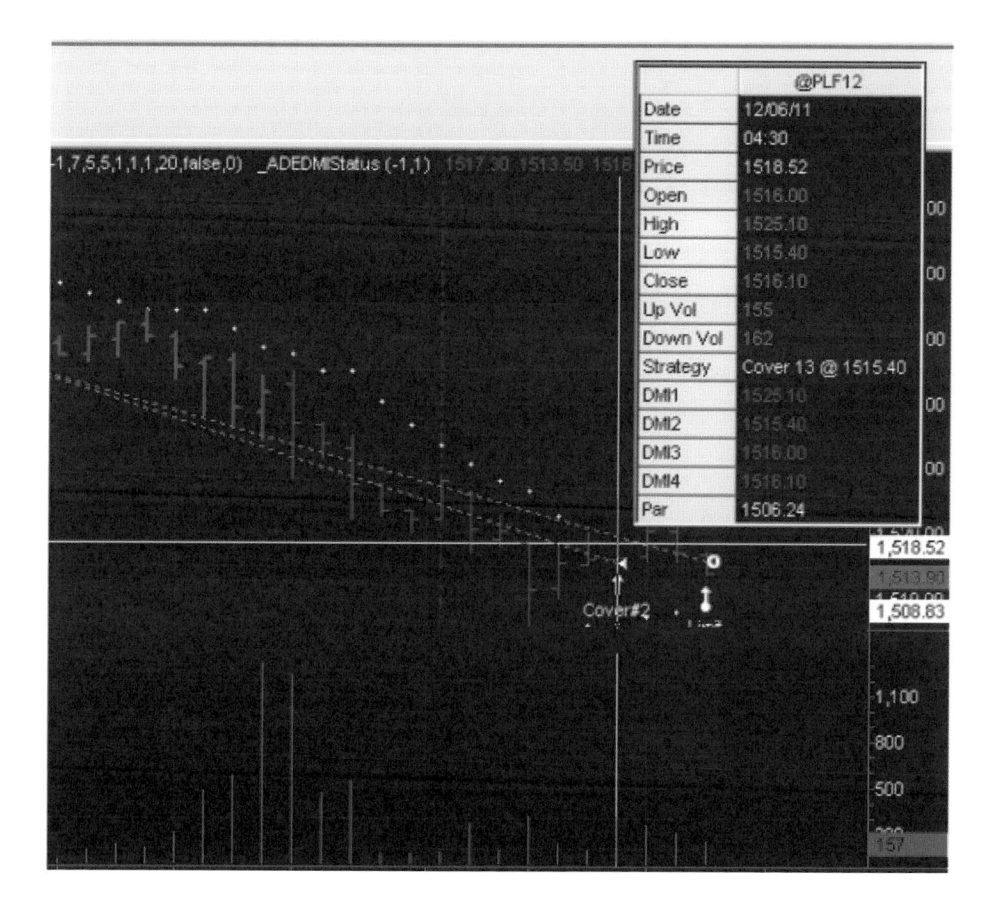

	@PLF12
Date	12/06/11
Time	04:30
Price	1518.52
Open	1516.00
High	1525.10
Low	1515.40
Close	1516.10
Up Vol	155
Down Vol	162
Strategy	Cover 13 @ 1515.40
DMI1	1525.10
DMI2	1515.40
DMI3	1516.00
DMI4	1516.10
Par	1506.24

白金的出場滑價處理

https://blog.xuite.net/X5super/studyroom/54955758

2013.6.21
風險心理帳戶破產

　　高獲利的交易模式，必然會有高風險。

　　用白話來講，想賺很多錢，就要練就大筆錢從口袋溜走的忍受能力。

　　就像練武功，必須先練挨打。虧損控管是保本，屬於第一級功夫。

　　獲利加碼是上層功夫，但這賺到手的錢，溜走的速度更快，就像右頁這張圖，看到的是賺到73.6K（7,360）？還是吐了53.7K？

　　通常，前者的快樂抵不過後者的悲傷。

　　何苦來哉！

　　了解自己的風險忍受度，相當的重要！

風險心理帳戶破產

https://www.facebook.com/groups/X5Submarine/permalink/156280324556620

2015.3.13
交易有好事就有壞事

程式交易者，遇到設備設施出狀況，該怎麼辦？

電腦掛了，就啟動備援電腦；
網路故障，就啟動第二網路系統；
停電，就啟動不斷電系統⋯⋯

真的就這樣搞過，幾乎可以經營機房了，但事倍功半。

做了很多的備案，網路斷線，還是讓我吃過不少的虧，這張圖是網路斷在多單出場時，然後，接著出現快市，帳上虧損41K！雖然，最後處理完，實際只剩下17 K的虧損，卻忙了一天盯盤，熬夜到2點。
後來，把交易主機放上雲端了，付費請專業的人，處理非我們專業的事，絕對事半功倍。

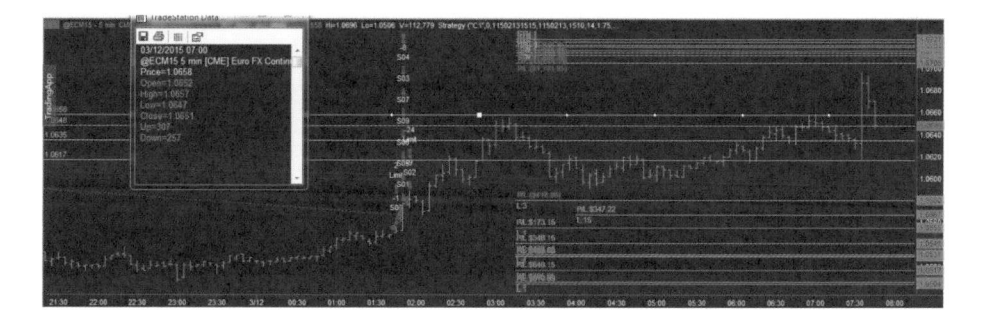

交易有好事就有壞事

https://www.facebook.com/groups/X5Submarine/permalink/394759590708691/

附錄一　X5早期的網路文章

研究篇

2009.8.6
賴利・威廉斯的研究

2009年，複製賴利・威廉斯在《短線交易秘訣》中的研究，改成台指期的資料。

舊文中有三張圖，這裡只用最後一張改善的作法。仍可看出賴利・威廉斯書中的結論：

1. 預期收盤價格會上漲的日子裡，不要嘗試買進開盤後大跌的標的。

2. 預期收盤價格會上漲的日子裡，如果做多，而價格卻大跌遠低於開盤價，趕緊殺出。

賴利的原始研究並沒有包含橫軸值大於100，因此，原則1不會做但也有優勢的交易是：

橫軸大於100，跌深低買，風險報酬高。

在賴利的結論中，預期收盤價上漲的技術：

動能突破：價格區間循環與趨勢方向的判定對策，

也是到目前還適用的ORB（Open Range Breakout）當沖策略。

若親自做過研究，使用策略更能得心應手。

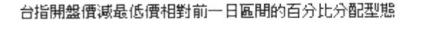

台指開盤價減最低價相對前一日區間的百分比分配型態

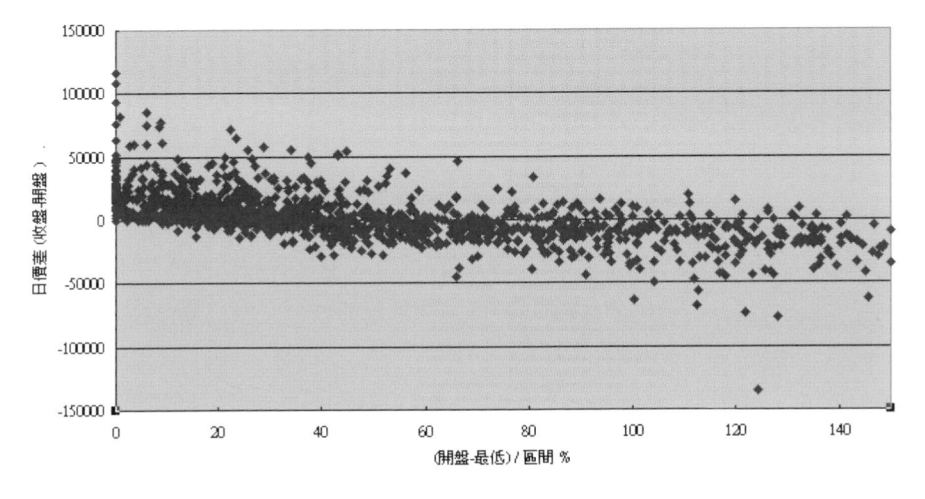

賴利・威廉斯的研究

https://blog.xuite.net/X5super/studyroom/25865646

2010.2.10
滑價分析

對2009年台指自動下單的滑價,做了 π 圖分析。

快市滑價的每筆平均是8點,金額總計90萬,占了總滑價的一半,若能砍半,每年可多賺45萬,因此有了改善動力。

但是進一步研究分析後,礙於工具限制,自己又非電腦專科,發現這錢並不好賺。

後來,朝多市場交易方向,專心做美期,台指滑價的改善專案就不用繼續進行了。

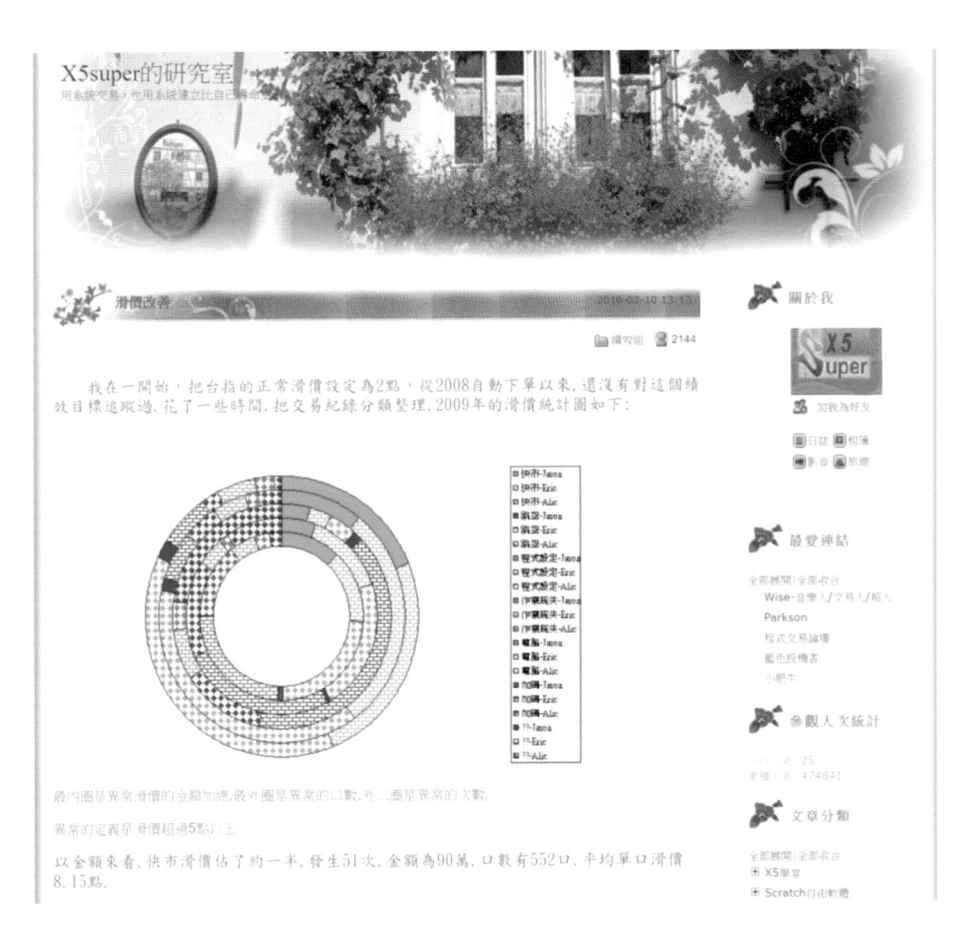

*截圖自Xuite

滑價分析

https://blog.xuite.net/X5super/studyroom/30922672

2012.5.23
滑價改善

美期交易，在一開始就在滑價吃了大虧，為了盡量多商品程式交易，必須克服低量交易時段的滑價風險。

2012年閉門造車的把突破停止單（stop），改成了突破後限價單（stop limit），運用了IOG（Intra-bar Order Generating）技術，在策略中，判斷突破條件成立後，以限價單丟出。

進場若沒穿價成交，就放棄該筆交易。

出場就在遠離限價單的固定點數後，將出場價位更新在當時價格的附近。

回測績效因此需要做修正，建立修正模型，設計測試流程，確定這整個新下單模型是沒問題的。

這個模型大約使用了3～5年，因為IOG的電腦資源要求高，系統商品又越來越多，當機的頻率過高而淘汰了。

現在使用的模型，又回到正常的停止單了，因為商品多的分散效果，單筆的口數都不會太高，滑價也沒有明顯問題了。

這一篇要分享一個study:stop limit出場單在不同口數規模的滑價及其對績效的影響.

策略模型：

1) 把原本stop出場單，改為stop limit單.

2) 由原本單一價格，改分為三批不同價格出場，分別是原stop出場價，與加上有利滑價1與2個跳動點(如最小跳動點0.01，多單出場100.05點，改為100.05,100.06,100.07)

3) stop limit單的每個出場價格，最大的口數設為input參數：每跳動點口數. 所以，每次進場的口數等於3倍的每跳動點口數.

4) 當stop limit單掛出後未成交前，市場價格往部位不利方向(多單出場為跌，空單出場為漲)，瞄到到掛出價格的一定價格(input參數：出場延遲跳動點數)，則改出場價格，加上此不利出場延遲跳動點數(多單出場為減，空單出場為加). 不限改價次數，直到stop limit成交出場.

5) 回測價格要穿過stop limit價格，才算成交(高於多單出場，低於空單出場)，並依照回測的歷史口數象決定是否完全成交. 部位未完全出場前，不可有新的部位進場.

6) 進出場為突破訊號，皆採用TS內建的指標.

7) 回測起始日皆為2007/1/1，模擬資料超過5年

績效修正：

1) 修正(每口)滑價 = (出場延遲跳動點數*次數)/(每次進場口數*部位完全出場次數)*每跳動點金額

2) 修正淨獲利 = TS淨獲利-(修正滑價-TS Slippage per contract)*2*TS 總出場口數

*截圖自Xuite

滑價改善

https://blog.xuite.net/X5super/studyroom/60661912

2014.6.25
客製WFT

　　2014年自己寫了WFT（Walk-Forward Test）的功能，套在TS指標上，雖然，當時有買了商業軟體，但想要的功能，無法都被滿足，那時，TradeStation也有了內建WFT功能，但仍不太上手。

　　寫過，真的才知道這個測試的運作，當時把測試時間軸的一天改成一週，方便每個週休做測試與參數調整，又增加了統計分布的機率，以及組合績效的概念。

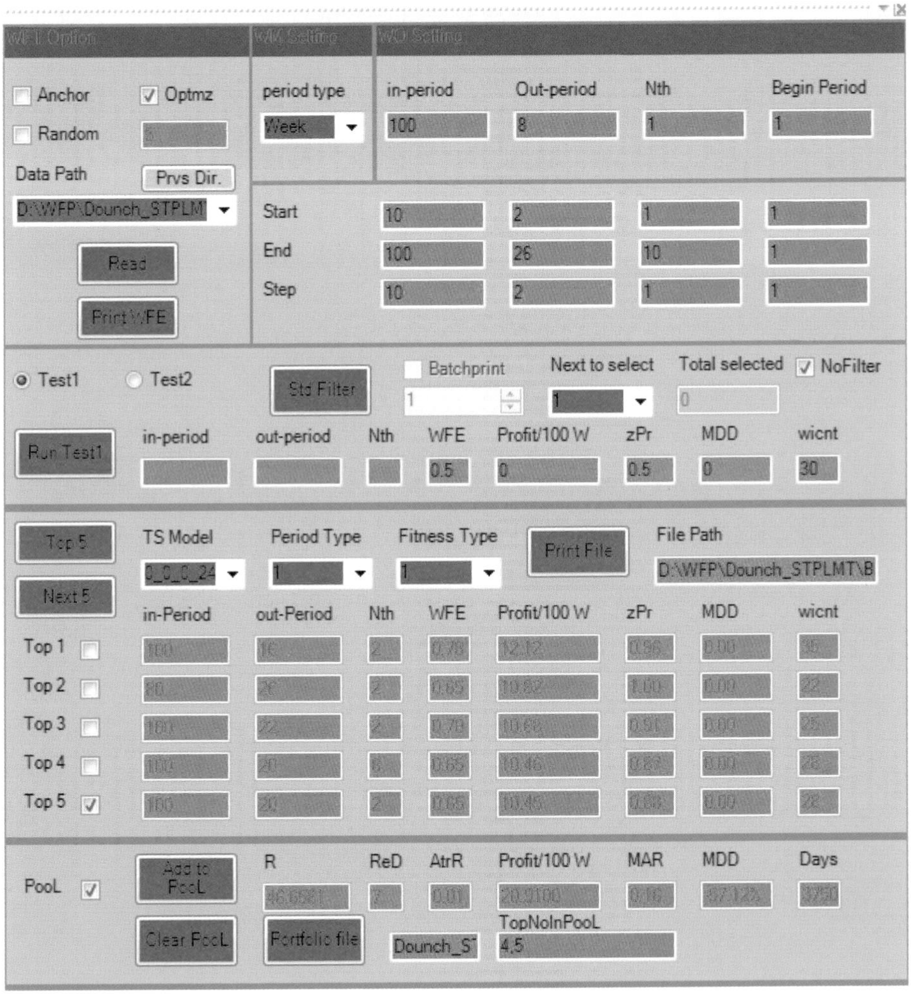

*畫面取自TradeStation Technologies, Inc. All rights reserved.

客製WFT

https://blog.xuite.net/X5super/studyroom/223714608

2016.9.24
濾網‧加碼

　　濾網與加碼，若只對單一商品單一策略，做參數最佳化回測，很容易落入過度曲線匹配（Over fitting）的困境。

　　如果，是針對一個組合來測試，問題就不大。

　　X5用了**TradeStation**的內建組合工具（Portfolio Maestro），一般性的測試效果還不錯，比如對同一組合的策略使用同一個濾網或加碼策略，可以很輕鬆得到結論。但若要精確的測試與控制，仍然有一定的限制，而無法如願。

　　X5當年開發的WFT工具，雖然不再使用了，但其中組合的觀念，後續研發出單獨的組合工具，也成了**超五系統**中相當重要的一道程序了。

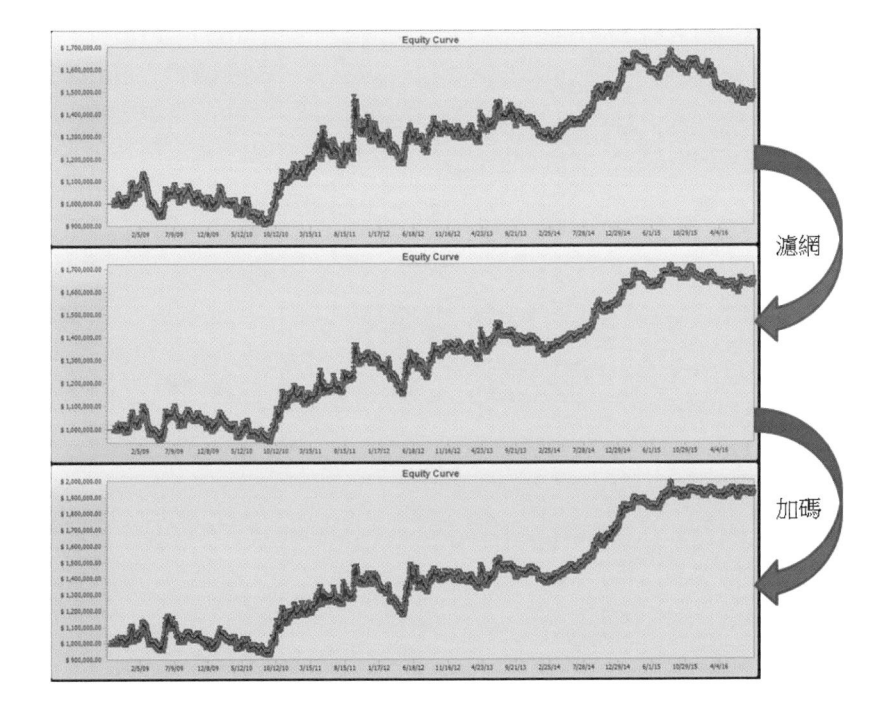

濾網

加碼

*畫面取自 TradeStation Technologies, Inc. All rights reserved.

濾網・加碼

https://www.facebook.com/X5SuperTS9/photos/a.305121012997632/67

0523893124007

附錄二 X5學堂的介紹

■系統逐階線上訓練課程（終身制）

一階線上課程(1-A)

二階線上課程(2-A)

三階線上課程(3-A)

■ 線上訂閱（半年一期）

一階線上讀書會（1-X／限一階學員）

二階線上讀書會（2-X／限二階或三階學員）

三階線上模擬交易（3-X／限三階+工作坊學員）

■每半年系列講座（2020上半年在台北）

一日實戰策略再造研討講座（不限資格）

一階一日入門/複習講座（1-A2：一階學員優惠／其他原價）

二階一日複習講座（2-A2：二階學員一次免費／限二階學員）

三階一日複習講座（3-A2：三階學員一次免費／限三階學員）

三階+2日工作坊（3-B：各階費用不同／限線上課程學員）

三階學員發表會（3-C2：免費／限三階+線上訂閱學員）

註：最新的線上課程與講座資訊，請留意X5Super系統交易的臉書粉絲專頁與折封口的QR Code連結網址。

一階線上課程(1-A)

二階線上課程(2-A)

三階線上課程(3-A)

線上讀書會 / 線上研討

月	主題	導讀	程式碼	原文	程式碼	實作說明	ELD	TSW	pmx	主題	讀義	影片	程式碼	ELD	TSW	PLA	WSP	Data
1月	當沖ORB停利	中文	☐	英文	☐	✓	✓	✓	☐	多週期掃描的指標	☐	☐	☐	✓	✓	✓	✓	✓
2月	整理向上多指標策略	中文	✓	英文	✓	✓	✓	✓	✓	順勢多週期市場掃描	✓	☐	☐	✓	✓	✓	✓	✓
3月	拉回進場策略	中文	✓	英文	✓	✓	✓	✓	☐	用RunType3作WFA	☐	✓	☐	☐	☐	☐	☐	☐
4月	配對交易	中文	☐	英文	✓	✓	✓	✓	☐	左導交易與右導交易	✓	✓	☐	☐	☐	☐	☐	☐
5月	成交量權重的MA突破	中文	☐	英文	✓	✓	✓	✓	☐	加碼方向與時機	✓	✓	☐	☐	☐	☐	☐	☐
6月	MA與BB的突破	中文	☐	英文	☐	✓	✓	✓	☐	LIBB & IOG	☐	✓	☐	☐	☐	☐	☐	☐
7月	日高雙MACD	中文	☐	英文	☐	✓	✓	✓	☐	IOG的短線策略開發	☐	✓	☐	☐	☐	☐	☐	☐
8月	AI型態策略	中文	☐	英文	✓	✓	✓	✓	☐	AI型態策略套在期指	☐	✓	☐	☐	☐	☐	☐	✓
9月	沃斯指測濾鏡指標	中文	☐	英文	☐	✓	☐	✓	☐	在TS使用3rd party data	☐	✓	☐	☐	☐	☐	☐	✓
10月	用統計設定策略	中文	☐	英文	☐	✓	✓	✓	☐	沃斯濾鏡指標用在期指	☐	✓	☐	☐	☐	☐	✓	☐
11月	結合K線型態的包傑穿過道	中文	✓	英文	✓	✓	✓	✓	☐	順勢系統開發(1):停損	✓	☐	✓	✓	✓	✓	✓	☐
12月	黃豆季節性策略	中文	✓	英文	✓	✓	☐	✓	☐	順勢系統開發(2):加碼	☐	✓	✓	☐	✓	☐	☐	☐

線上讀書會

月	主題	導讀	程式碼	原文	程式碼	實作說明	ELD	TSW	PLA	WSP	Data	pmx
1月	簡單的動能評估應用	中文	☐	英文	☐	✓	✓	✓	☐	☐	☐	☐
2月	慢速RSI指標	中文	☐	英文	☐	✓	✓	✓	☐	☐	☐	☐
3月	夜盤成交量濾網	中文	✓	英文	✓	✓	✓	✓	☐	✓	✓	☐
4月	磚型圖的使用(Using Renko Charts)	中文	☐	英文	☐	✓	✓	✓	✓	✓	✓	☐
5月	OBV指標修正	中文	☐	英文	☐	✓	✓	✓	✓	✓	✓	☐
6月		中文	☐	英文	☐	☐	☐	☐	☐	☐	☐	☐
7月		中文	☐	英文	☐	☐	☐	☐	☐	☐	☐	☐
8月		中文	☐	英文	☐	☐	☐	☐	☐	☐	☐	☐
9月		中文	☐	英文	☐	☐	☐	☐	☐	☐	☐	☐
10月		中文	☐	英文	☐	☐	☐	☐	☐	☐	☐	☐
11月		中文	☐	英文	☐	☐	☐	☐	☐	☐	☐	☐
12月		中文	☐	英文	☐	☐	☐	☐	☐	☐	☐	☐

一階／二階線上讀書會

三階線上模擬交易

一日實戰策略再造研討講座

一階一日入門/複習講座

二階一日複習講座

三階一日複習講座

三階+2日工作坊

國家圖書館出版品預行編目資料

超五系統交易：竹科工程師絕處逢生的量化交易
世界／廖建松著. --初版.--屏東縣潮州鎮：超五
系統顧問，2020.10
ISBN 978-986-99413-0-3（平裝）
1.股票投資 2.投資技術 3.投資分析
563.53 109011942

超五系統交易：竹科工程師絕處逢生的量化交易世界

作　　者　廖建松
校　　對　廖建松、徐惠蓉
插　　畫　柯麗卿
出　　版　超五系統顧問股份有限公司
　　　　　920屏東縣潮州鎮大同路58巷47號（非公司店面，請勿前往）
　　　　　電話：（08）7884631
設計編印　白象文化事業有限公司
　　　　　專案主編：陳逸儒　經紀人：徐錦淳
經銷代理　白象文化事業有限公司
　　　　　412台中市大里區科技路1號8樓之2（台中軟體園區）
　　　　　出版專線：（04）2496-5995　傳真：（04）2496-9901
　　　　　401台中市東區和平街228巷44號（經銷部）
　　　　　購書專線：（04）2220-8589　傳真：（04）2220-8505
印　　刷　基盛印刷工場
初版一刷　2020年10月
定　　價　600元

白象文化　印書小舖 PRESSSTORE　出版‧經銷‧宣傳‧設計
www‧ElephantWhite‧com‧tw　f 自費出版的領導者　購書 白象文化生活館